CHILDREN OBSERVATION AND BEHAVIORAL STUDIES

아동관찰 및 행동연구

이인원 윤정임 이태분 최윤지 이현아

양성원

머리말

유아교육자는 유아에 대한 정확한 이해를 할 수 있는 혜안이 뭘까 고민하게 된다. 이런 고민을 하는 이유는 교사로서 해야 하는 교육적 처방이 유아에 대한 올바른 이해로부터 나오기 때문이다. 유능한 교사는 자기가 담당하는 유아에 대한 성향과 의지와 지식은 물론, 사고방식까지 파악해야 한다. 더 나아가 취향, 동기, 좋아하는 것 싫어하는 것 등 한 사람을 특징짓는 모든 것을 알고 그에 대해 적절한 대응과 지도를 해 줄 수 있어야 한다.

유아를 잘 이해하기 위해서는 유아에 대하여 탐구하는 자세로 세심하게 알아보아야 할 것이다. 유아에 대해 알아보는 방법으로서 관찰과 면접만 한 것이 없다. 특히 관찰은 유아가 유치원에 있는 동안 내내 교사의 눈에서 벗어나지 않기 때문에 가장 많이 사용하는 탐구방법이다. 교사는 일과 활동 중에도 교사의 자극에 대한 유아의 반응을 살펴 다음 자극을 어떻게 할 것인지 판단하고 대응하게 된다.

교육은 인간적 사랑과 휴머니즘이 바탕이 되어야 하고 윤리적 테두리 안에서 가능한 한 아름답고 효율적으로 이루어져야 한다. 관찰은 교육을 효율적으로 하기 위한 기법이다. 효율은 과학적 분석을 근거로 한 합리적 계획을 세울 때 기대할 수 있다. 관찰은 오래전부터 연구자들이 과학적으로 현상을 밝히기 위해 사용한 수단이었다. 관찰이 얼마나 과학적인지는 이 책을 가지고 공부하는 학생들이 직접 체험하게 될 것이다.

과학으로서의 관찰은 엄밀한 절차와 원칙이 있다. 관찰에 대한 개념과 이론을 배우고 실제 관찰을 수행할 수 있는 기술을 갖추는 것은 교사로서 중요한 자질을 함양하는 것이고, 교직에 대한 사명을 충실히 완수할 조건을 갖추는 것이다.

이 책은 예비유아교사가 공부하기에 적합한 수준으로 쉽게 쓰려고 노력하였으며, 다년간 유아교육 현장에서 관찰을 수행한 경험을 바탕으로 집필하였다. 현장에서 교사들이 관찰을 수행하기에 꼭 필요한 핵심내용을 위주로 구성하였으며, 최선을 다해 정확한 지식과 기술을 전달하기 위해 경주하였으나, 혹여 누락되거나 미비한 점이 있을 수도 있음을 넓은 아량으로 이해하여 주시면 감사하겠다. 이 책이 출판될 수 있도록 도와주신 도서출판 양성원의 강철원 사장과 임직원 여러분께 심심한 감사를 드린다.

2020년 8월
저자 일동

차례

Chapter 03 표본기록법

Chapter 04 일화기록법

Chapter 05 행동목록법

CHAPTER

1

아동관찰의 이해

CHAPTER

1 아동관찰의 이해

1-1 아동연구와 관찰

체계적인 아동연구의 시도는 19세기 후반부터인데 연구자들이 자기 자녀들의 발달을 관찰하여 자료를 수집하고 이를 육아일기 형식의 책으로 출판하면서 시작되었다. 육아일기의 원조는 찰스 다윈(Charles Darwin)에 의한 것으로 보인다. 진화에 대한 그의 호기심은 훈육 받지 않은 아동은 선조들의 특성을 가지고 있다고 믿고 개별 아동의 발달이 종의 진화 역사를 반복한다고 보았다. 따라서 그는 육아일기를 진화에 대한 질문에 답하는 수단으로 보았다(송길연 외 역, 2000). 육아일기는 한 명의 아동을 관찰하여 작성했다는 것과 자기 자녀를 관찰한 것이기 때문에 주관적일 수 있다는 단점이 있다. 그러나 인간발달에 대한 과학적 접근의 시도라는 점에서 가치가 있다고 할 수 있다.

아동발달 연구에서 과학적 연구로 발달심리학의 확립에 기여한 사람은 게젤(Gesell)이다. 그는 태아 배아의 성장 과정과 출생 후 신체 및 운동기능의 발달과정을 관찰하고 신체발달 방향의 원리를 제시하였다. 프로이드(Freud)는 정서적 어려움을 가진 환자를 치료하는 동안 관찰에 기초한 심리성적 이론을 창안하여 큰 반향을 일으켰다.

이처럼 아동발달 연구의 시작은 관찰이 큰 기여를 하였고, 과학적 접근으로 신뢰성과 타당성을 확보한 연구결과들은 객관성 측면에서 인정받게 되었다. 결국, 관찰은 수집된 자료들을 분석하고 해석과 추론 과정을 거쳐서 교육현장의 연구문제를 규명하고, 이론을 도출할 수 있게 해 주었다.

아동을 연구하기 위해서는 아동에 대한 정보를 수집해야 하는데, 나이가 어리기 때문에 질문지에 응답하는 자기 보고식 검사와 같은 것을 사용할 수 없는 경우에는 관찰이 사용된다. 사실 유아처럼 어린아이들에게는 관찰 이외에는 다른 대안이 없다. 아동연구에서 관찰은 과학적인 방법으로 정착되었으며, 관찰의 기법도 발전하여 다양한 관찰방법이 개발되었다. 최근의 아동연구 논문에서 다양한 관찰기법을 사용하는데, 특히 아동의 외현적으로 나타나는 행동을 연구할 때 관찰이 유용하게 사용된다.

김영옥(2003)이 개발한 교사용 친사회적 행동 평가척도는 교사가 자유놀이 상황에서 관찰한 결과를 근거로 친사회적 행동을 5점 척도로 평정하여 비교적 손쉽게 아동의 친사회적 행동을 평가할 수 있게 하였다.

외현적으로 나타나는 아동의 행동 이외에도 창의성과 같은 인지적인 측면과 정의적인 측면이 모두 포함된 경우에도 관찰이 사용된다. 노영희 등(2006)은 나이가 어린 아동들이 언어적 표현과 교사의 지시에 따라 수행이 어렵다는 점을 고려하여 교사가 관찰을 통하여 창의성을 6점 척도로 평정할 수 있는 도구를 개발하였다.

이와 같이 관찰은 아동연구에 있어서 중요한 방법으로 사용되어 왔고, 신뢰도와 타당도를 높이기 위해 표준화된 관찰 도구가 개발되는 추세에 있다. 아동연구에 호기심이 있고 아동의 인지적 · 정의적 · 행동적 양상을 알아보고자 한다면 누구라도 엄격한 절차를 거쳐서 도구를 개발하여 아동의 행동 변화나 태도, 인지적 수준을 알아볼 수 있다.

1-2 관찰의 정의 및 특성

관찰이란 사물이 변화되거나 존재하는 상태 또는 어떤 사건과 현상에 대한 정보를 관찰자의 오감을 동원하여 인식하는 것을 말한다. 영유아교육에서 관찰은 교육적 자극에 대한 영유아들의 반응과 그들의 일상적 행동에 대한 정보를 수집하기 위하여 흔히 사용하는 방법이다.

교육현장에서 사용하는 관찰(observation)은 사람들의 일상적인 활동의 하나인 보기(seeing)와는 차이가 있다. 일상에서 무엇을 본다는 것은 구체적인 목적 없이 보이는 대상에 관심을 기울이는 정도이지만, 교육현장에서 관찰은 구체적인 목적이 있고 관찰하려는 대상을 분명히 지정해 놓은 다음 체계적인 기록을 위해 일정한 형식을 갖춘 도구를 가지고 정해진 절차를 따라 한다.

관찰을 통하여 알고자 하는 대상에 관한 정보를 수집하는 일이 쉬운 것은 아니다. 그 이유는 수집된 정보가 신뢰할 수 있고, 타당하고 객관적이어야 정보로서 가치가 있기 때문이다. 하나의 현상에 대하여 수집한 정보가 관찰자마다 다르다면 사용할 가치가 없는 것이다. 한 사람이 관찰하더라도 어제와 오늘의 결과가 다르다면 표준화된 관찰방법이 없거나 절차가 다르기 때문이다. 관찰은 관찰자 한 사람의 수행에 의존하기 때문에 주관과 편견 같은 것이 개입될 소지가 있어 엄밀한 기준이 필요하다.

일반적으로 연구를 위한 관찰을 할 때는 연구주제에 부합하는 한 가지 행동을 관찰대상으로 정해서 한다. 예를 들어 영유아의 친사회적 행동이 어떠한지를 알아보거나, 또래 상호작용이 어떠한지 알아볼 때가 그러하다.

그러나 문화기술법과 같은 방법을 사용하여 영유아들의 경험을 알아보는 경우는 교실에서 일어나는 모든 사건과 현상을 관찰하고 기록하여 그 중에서 의미 있는 부분을 추출하여 연구에 인용하는 경우도 있다.

1-3 관찰의 목적 및 필요성

영유아교육기관에서 관찰은 영유아교육의 질적 수준을 관리하고 더 나은 서비스를 제공하기 위해서 객관적인 정보를 수집하는 목적으로 사용된다.

교사나 연구자들이 영유아교육기관에서 관찰을 하는 목적을 분류하면 다음과 같은 것들이 있다.

1) 영유아들의 일상적 생활을 관리하기 위한 관찰

유아교육기관에서 교사는 늘 영유아들을 관찰한다. 일상적인 생활을 관찰하여 안전에는 문제가 없는지, 소외되거나 불편을 겪는 영유아는 없는지 등을 확인하고 교사로서 개입하여 적당한 조치를 한다. 이때 교사의 관찰은 모든 확인 가능한 수단을 동원하여 영유아들의 사소한 행동까지도 살펴 겉으로 드러나는 것과 영유아 개인 내면의 감정까지도 살피는 세심함이 필요하다.

2) 영유아의 학습수행을 평가하기 위한 관찰

교사가 학습 목표를 가지고 시행하는 교육 활동이 얼마나 잘 수행되어 목표를 성취하였는지 확인하고자 할 때는 객관적으로 평가할 수 있는 기준이 있어야 한다. 즉, 관찰할 학습영역을 정하고 관찰 결과를 기록할 평가지가 필요하다. 관찰 기록지가 평가기준이 되는 것이다. 이때 기록지는 체계적인 형식을 갖춰서 작성되어야 한다.

3) 영유아의 발달을 평가하기 위한 관찰

영유아의 발달 수준은 단기간에 현저한 표시가 나지 않기 때문에 한 학기 단위로 하거나 일 년 단위로 이루어지는 경우가 일반적이다. 관찰도 한 시점을 정해서 실시하되 어느 순간 한 번의 관찰로 평가하기는 어렵고 지속적인 누가적 기록이 필요하다. 이때도 기록지는 체계적인 발달영역의 분류에 의한 기록지를 만들고 이에 여부를 체크하는 형식인 체크리스트 방식을 사용하면 편리하다.

4) 영유아의 경험이나 문화를 알아내기 위한 관찰

영유아들은 영유아교육기관에서 여러 가지 일상경험과 교육경험을 한다. 영유아교육 공급자들은 교육 현상을 분석하여 문제를 발견하거나 더 나은 교육환경을 마련하기 위한 기초자료로 활용하고자 한다. 영유아교육기관에서 영유아들이 경험하는 것과 형성하는 문화는 분석의 자료가 된다. 이를 수집하기 위해서 관찰과 면담, 작품, 기타 관련 서류들이 동원된다.

1-4 관찰의 절차

어떤 일을 수행할 때 절차는 매우 중요하다. 절차는 합리적이고 논리적이어야 하며, 일관성이 있어야 객관적인 결과를 가져올 수 있다. 관찰은 교육 현상을 과학적으로 분석하는 과정의 하나이기 때문에 엄밀한 절차에 따라 하지 않으면 신뢰성에 문제가 생길 수 있다.

1) 관찰 목적 설정하기

관찰하는 목적이 분명하지 않으면 무엇을 관찰할지 모르고 막연하게 보는 것이 되어 관찰의 결과를 얻을 수 없게 된다. 관찰 목적은 앞서 제시한 네 가지 중에서 선택하여 설정하면 된다.

2) 관찰 항목 설정하기

관찰 항목은 수집하고자 하는 정보의 구체적 영역인데, 예를 들어 유아의 행동(친사회적 행동, 공격적 행동 등), 인지적 영역(수학적 사고, 과학적 사고 등), 정의적 영역(감정, 정서, 태도 등)으로 설정한다. 더 나아가서 관찰할 구체적인 행동에 대한 명세서를 작성한다. 또한, 각 행동의 명세에 대한 설명과 조작적 정의를 해야 한다.

3) 관찰 기록지 작성하기

기록지 스타일은 자료처리 방법을 고려하여 체크리스트, 평정척도, 일화기록 중에서 선택할 수 있다. 기록지에 포함될 목록을 관찰 항목에 알맞게 만들어야 한다.

4) 관찰방법 결정하기

관찰방법은 관찰의 영역과 항목에 따라 적합한 방법이 동원되어야 한다. 예를 들어 자연관찰인지 통제관찰인지, 참여관찰인지 비참여관찰인지 등을 결정한다.

5) 관찰대상 정하기

영유아교육기관에서 관찰대상은 당연히 영유아가 되겠지만 한 교실에 있는 영유아 중에서도 누구를 관찰할 것인지 정하는 것이다. 한번에 여러 영유아를 동시에 관찰할 수 없을 때는 대상 영유아를 표시하거나 관찰자 나름대로 구별할 수 있도록 한다.

6) 관찰 수행 및 기록하기

선정된 관찰방법에 따라 관찰자의 오감을 대상에 집중하여 수집하고자 하는 정보를 빠트림 없이 지각하고 인식하여 기록방법에 따라 기록지에 기록한다. 이때 관찰자는 관찰대상이 친숙한 유치원 교실이거나 친숙한 영유아들일지라도 친숙한 시각을 버리고 이방인의 자세, 즉 낯선 시각으로 관찰해야 간과하지 않고 모든 정보를 수집할 수 있다.

7) 기록지 정리 및 분석하기

관찰이 끝난 후 기록지에 정보들이 수집되었을 것이다. 기록지의 정보들은 분석할 수 있도록 재정리하거나 합산한다. 일화기록처럼 질적 자료는 질적 분석을 위한 과정에 따라 정리되고, 평정척도나 체크리스트는 수치로 정량화될 수 있도록 합산한다.

1-5 관찰방법

관찰법이 아동연구나 평가에서 적합한 방법으로 인식되고 있는 이유는 관찰대상에 대한 참된 정보를 수집할 수 있기 때문이다. 관찰방법은 영유아에 대한 정보를 수집하는 목적과 용도, 현장의 여건 그리고 어떤 정보(표적 행동)를 수집하느냐에 따라 그에 적합한 방법이 사용된다. 예를 들어, 자연관찰이면서 참여관찰이고 사건표집법으로 할 수도 있고, 통제관찰이면서 비참여관찰이고 시간표집법으로 할 수도 있다.

1) 자연관찰과 통제관찰

(1) 자연관찰

자연관찰은 관찰대상이나 관찰 상황을 인위적으로 조작하지 않거나 방해하지 않고 일상적 자연스러운 상황에서 나타나는 정보를 있는 그대로 수집하는 것이다. 이 방법은 특별한 조건을 만들지 않기 때문에 숙련되지 않은 관찰자는 수행하기 어려운 면이 있지만, 관찰 결과의 신뢰성 면에서는 우수하다고 할 수 있다.

자연관찰법은 정해진 표적 행동을 정밀하게 관찰할 때보다 구체적인 연구를 설계하기 전에 탐색하는 단계에서 실시된다. 표적 행동을 정밀하게 관찰할 때는 어떤 행동을 관찰할 것인지 미리 정하고 관찰에 임해야 효율적으로 할 수 있다. 그렇지 않고 연구를 설계하기 전 탐색 단계에서 실시하거나 영유아반의 문화나 경험을 알아보기 위한 것이라면 일어나는 행동과 사건을 모두 관찰해야 하기 때문에 개방된 상태에서 관찰해야 한다.

관찰의 효율성을 보장하기 위해서는 특징이 가장 잘 나타나는 장면을 선택하여 관찰할 수 있다. 예를 들어, 상호작용을 관찰한다면 자유놀이 장면이 좋을 것이다.

질적 자료를 수집하는 경우, 영유아들 개개의 행동은 그 행동이 일어나게 된 전체 맥락 속에서 이해할 수 있도록 그룹이나 교실 전체의 분위기도 함께 관찰하는 것이 좋다. 외현적으로 나타난 영유아들의 행동 이외에 그 행동을 일으킨 동기나 맥락을 알면 영유아의 사고, 태도와 같은 비행동적 정보도 수집할 수 있다.

영유아교육기관에서 담임교사는 항상 관찰자의 입장에서 영유아들을 보아야 하는데, 자연관찰을 통해서 자기반 영유아의 발달이나 학습결과를 평가할 수 있다. 이 경우 교사는 몇 개월 단위로 보고해야 하므로 관찰하는 특정 시점을 정해두지 않고 일과활동 중에 수시로 영유아에 대한 정보를 수집하고 그 결과를 기록지에 기록하면 된다.

(2) 통제관찰

통제관찰은 관찰장면을 계획적으로 조직하는 것이다. 즉, 관찰장면을 자연스럽게 내버려 두는 것이 아니라 일정한 조건으로 통제하는 것이다. 이때 통제는 실험적 조작을 의미하므로 실험적 관찰법이라고도 한다. 이 방법은 특정한 행동에 대해서 관찰하고자 할 때 주로 사용된다. 목적한 행동에 대한 정보를 수집하기 위해 그 행동이 일어날 수 있는 조건을 만들어 놓기 때문에 관찰시간을 절약할 수 있다는 장점이 있다.

통제관찰에서는 표준화된 절차를 갖추고 있거나, 관찰하는 세션마다 관찰시간을 동일하게 하거나, 동일한 자극을 주거나, 동일한 환경조건을 만들어 놓고 실시한다. 주로 학문적 연구에서 특정한 처치나 자극을 투입한 후 변화를 알아보고자 할 때는 이 방법을 사용한다.

예를 들어, 영유아들의 공포반응에 대하여 알아보고자 한다면 공포를 유발하는 자극을 각 사례마다 동일하게 사용해야 하고, 자극 노출 시간도 동일하게 하면서 주변 환경도 동일하게 통제해야 신뢰성 있는 자료를 얻을 수 있다.

2) 참여관찰과 비참여관찰

(1) 참여관찰

관찰자가 관찰 대상자인 영유아들의 활동 장면에 속해 있으면서 정보를 수집하는 것이다. 이 방법은 문화인류학, 고고학 등에서 주로 사용되어왔는데, 최근에는 교육학 분야에서 질적연구 방법이 확산되면서 널리 이용되고 있다.

관찰자는 영유아들의 활동에 직접 참여하면서 할 수도 있고, 활동에는 직접 참여하지 않고 주변에서 지켜보면서 관찰할 수도 있다. 직접 참여하지는 않아도 질문에 응한다든지 도움이 필요할 때 도와준다든지 할 수 있다. 이렇게 참여의 정도는 관찰대상의 일원이 되어 활동에 직접 참여하면서 관찰하는 경우에서부터 방관자의 역할만을 하는 경우까지 다양하게 할 수 있다. 그러므로 관찰자는 무슨 일이 일어나는가를 아는 것뿐만 아니라 관찰대상의 입장이 되는 것이 어떠한 느낌인지도 알 수 있다.

참여관찰은 관찰자가 기록한 것만 가지고 할 수도 있지만, 관찰의 내용을 확인하기 위하여 관찰대상자와 면담을 추가해 관련 문서를 수집할 수도 있다.

관찰자의 반응에 따라 관찰대상인 영유아가 영향을 받지 않도록 참여관찰자는 영유아와의 상호작용에서 반응이나 감정이 중립적이어야 한다. 영유아의 활동에 참견하다 보면 정작 관찰을 놓칠 수도 있기 때문에 참여관찰은 비참여관찰에 비해 시간이 많이 소요될 수 있다.

(2) 비참여관찰

관찰자가 관찰장면에 직접 들어가지 않고 일방경을 통해서 관찰하거나 비디오카메라를 설치하여 녹화한 것을 보면서 관찰하는 방법을 비참여관찰이라 한다. 이 방법은 관찰 대상에게 아무런 영향을 주지 않기 때문에 비교적 객관적인 정보를 수집할 수 있다. 관찰자는 관찰장면 밖에서 관찰하기 때문에 참여관찰에 비해 편한 마음으로 자유롭게 관찰할 수 있다.

1-6 표집방법

알고 싶은 대상의 진짜 특성을 정확히 알아보기 위해서는 모든 대상에 대하여 장기간 조사하는 것이 가장 정확할 것이다. 그러나 대상을 대표할 수 있는 표본을 잘 추출한다면 굳이 모든 대상을 장기간 조사할 필요 없이도 대상의 특성을 잘 나타낼 수 있다. 이렇게 하는 이유는 시간과 노력을 적게 들이고도 소기의 목적을 이룰 수 있기 때문이다.

예를 들어, 수박의 당도를 측정하기 위해서 모든 수박을 잘라서 맛을 보는 것보다 한 상자에서 몇 개만 표본을 추출하여 당도를 측정하면 모든 수박에 상처를 내지 않고도 손쉽게 상자에 담긴 수박의 당도를 알 수 있다.

유아들의 행동이나 발달 상황을 알아볼 때에도 표본을 추출하여 알아보면 그만큼 노력을 줄일 수 있다. 표본을 추출하는 방법을 표집방법이라고 한다. 표집방법에는 시간표집법과 사건표집법이 있다.

1) 시간표집법

시간표집법은 관찰대상에 집중하여 정보를 수집할 때 시간을 정해놓고 정해진 시간 동안에 정보를 수집하는 것이다. 따라서 정해진 시간 동안에 미리 선정된 행동이 나타나지 않으면 기록할 것이 없다. 예컨대 5분 동안 관찰하고 10분 쉬고 다시 5분 동안 관찰하고 10분을 쉬는 방식을 통해 주기적으로 정보를 수집하는 것이다. 이런 방법은 비교적 자주 발생하는 행동을 수집할 때 이용하는 방법이다. 너무 드문드문 일어나는 행동을 수집할 때는 적합하지 않은 방법이다. 일상적으로 자주 일어나는 행동이면서 쉽게 눈에 보이는 행동을 수집할 때 적합하다. 즉, 영유아의 심리상태나 정신적 사고를 알기 위한 관찰에는 적합하지 않다(Irwin & Bushnell, 1980).

관찰하는 기간을 짧게 할지 길게 할지는 관찰하는 대상 행동이 어떤 것이냐에 따라 달라질 것이다. 예컨대 수초에 한 번씩 입을 실룩거리는 틱 장애 행동을 관찰한다면 관찰시간을 10초 정도로 잡아야 할 것이고, 친구를 때리는 공격 행동을 관찰한다면 20~30분이 될 수도 있을 것이다.

이 방법은 행동을 기계적으로 표집하기 때문에 자세하게 서술하는 연구에는 적합하지 않다. 짧은 시간에 여러 명의 영유아 행동을 표집할 수 있게 해 준다. 일반적으로 양적 자료를 수집할 때 사용되며, 수집된 자료는 통계적 분석이 가능하고, 결과를 일반화할 수 있다. 반면에 행동의 빈도나 지속시간, 존재 여부 등은 알 수 있지만, 행동의 원인이나 질적인 속성에 대해서는 알 수 없다.

한 교실에 5명의 영유아가 있고 이들의 사회적 행동의 빈도를 수집한다고 가정하여 관찰시간과 기록하는 방법을 예를 들어보면 다음과 같다. 1번 영유아부터 5번 영유아까지 번호를 부여하고 순서대로 3분씩 관찰하고 1분 동안 그 횟수를 〈표 1-1〉의 해당 칸에 기록하여 한 회차를 마친다. 그다음 두 번째, 세 번째 회차도 같은 방법으로 3분씩 관찰하고 1분 기록을 반복한다. 관찰을 기록하는 예는 다음과 같다.

표 1-1 시간표집법 기록지

회차	이름	나이	울음	공격	나눔	웃음	말 걸기
1회차 (3분)	이삼돌	48개월					
	김평안	49개월					
	박친절	50개월					
	고민정	47개월					
	최영희	48개월					

참고: 행동의 빈도를 기입할 때는 正이나 /// 등을 이용한다.

2) 사건표집법

사건표집법은 표집하고자 하는 특정 행동이나 사건을 표집하는 방법이다. 특정한 행동이나 사건을 표집하는 동시에 행동이나 사건이 어떻게 일어나는지 과정까지 상세하게 다룰 수 있다. 이 방법은 흔히 나타나는 행동부터 드물게 나타나는 행동까지 모든 행동을 관찰할 수 있다. 시간표집법보다 융통성이 있어서 미리 정해진 틀을 사용해서 기록할 수도 있고, 설화적 기술로 자세히 기록할 수도 있다. 예컨대 영유아의 일상생활에서 울기, 말다툼, 이르기, 공격하기 등을 상세히 기록할 때 사용된다.

영유아의 공격하기 행동의 특성을 알아보려고 할 때 예를 들어보면 다음과 같다. 자유놀이 시간에 관찰자는 놀이장면을 지켜보고 있다가 공격하기 행동이 나타나면 재빨리 초시계를 재고 공격행동의 상황을 관찰하고 끝나면 기록표에 기록한다. 이때 공격행동의 특성을 알 수 있는 세부 항목들인 지속시간, 공격의 종류, 공격의 원인 및 정황, 공격의 결과 등에 대해 기록한다.

사건표집법은 행동이 일어난 맥락에 대해 자세한 기록을 할 수 있어 행동이 왜 일어났는지 인과관계도 파악할 수 있게 해 준다.

표 1-2 공격행동 사건표집법 기록지(미리 만든 기록 틀을 이용할 때)

이름:	나이:	성별:	반:	관찰장면:
관찰 항목		내용기술		비고
지속시간				
공격의 종류(언어, 손, 발, 물건)				
공격의 원인 및 정황				
공격의 결과				

사건표집법을 사용하여 관찰하려면 사전에 몇 가지 관찰의 준거를 마련해놓아야 한다. 첫째는 관찰하려고 하는 행동의 명세표를 만들고 행동에 대한 조작적 정의를 내려 속성을 파악한다. 둘째는 언제, 어느 장면에서 관찰할 것인지를 결정한다. 셋째는 어떤 정보를 기록할 것인지를 결정한다. 이름, 나이 등 기본적인 정보를 비롯하여 대상 행동의 특성들, 행동이 일어난 정황 등을 기록한다. 넷째는 기록표가 가능한 한 편리하게 만들어져야 한다. 사전에 기록 틀을 만들어 기록할 때는 기록할 항목을 분명하게 명명해 두도록 한다.

1-7 기록방법

관찰에서 기록방법은 자료처리의 방법을 결정 짓는다. 일화기록이나 표본기록은 질적 자료를 생성하므로 질적 분석을 하고, 행동목록과 평정척도는 양적 자료를 생성하므로 양적 분석을 한다. 어떤 연구문제를 해결하고자 할 때 양적 분석을 할 것인지 질적 분석을 할 것인지 먼저 정해져야 그에 따라 기록방법을 정할 수 있다. 이것은 무엇보다도 연구문제의 성질에 따라 질적 분석이 더 적합한지 양적 분석이 더 적합한지 고려할 사항이지만 연구자의 성향에 따라 선호하는 분석방법이 정해질 수도 있다.

1) 일화기록

일화기록은 일어난 사실을 있는 그대로 기술하는 것으로 하나의 사건이나 행동을 단위로 기록하는 방법이다. 이때 일어난 사실과 관찰자의 추론 또는 해석을 분리하여 적고, 서로 다른 일화를 섞어서 기록하지 말고 각각의 일화는 따로 적는다.

2) 표본기록

표본기록은 설화적 기록이라고도 하는데, 관찰장면의 모든 상황을 사건이 일어난 순서대로 육하원칙(누가, 언제, 어디서, 무엇을, 어떻게, 왜)에 따라 적는 것이다. 관찰자의 추론이나 해석은 배제하고, 사건이 일어난 상황과 맥락까지도 이해할 수 있도록 기록한다.

3) 행동목록

행동의 목록을 문항으로 만들고 행동의 출현유무를 확인하여 '예' 혹은 '아니오'로 기록한다. 행동의 목록은 관찰 가능한 것이어야 하고, 각 항목은 중복되지 않고 평가하려는 행동이 모두 포함되도록 한다.

4) 평정척도

행동의 목록을 문항으로 만드는 것은 행동목록법과 같지만, 행동의 유/무뿐만 아니라 정도도 알 수 있도록 3점 혹은 5점 척도로 기록한다. 평정척도법은 평가하려는 행동을 일정 기간 관찰한 후 질을 평정하여 점수를 부여하는 방법이다.

1-8 관찰기술

관찰은 과학적 과정을 통해 진리를 밝히는 것이기 때문에 가설의 검증력을 높이고, 일반화의 가능성을 높여야 한다. 관찰자가 체계적인 관찰을 수행하기 위해서는 관찰에 필요한 기술을 가지고 있어야 한다. 숙련된 관찰기술은 그만큼 객관적이고 정확한 정보를 수집할 수 있다.

1) 신뢰도

관찰에 의해 도출된 결과는 믿을 수 있는 정보일 때 가치가 있는 것이다. 많은 시간과 노력을 들여 애써 수집한 자료들이 신뢰가 없다면 이것으로부터 도출된 결과도 현상을 제대로 파악하는 데 결점이 있을 수밖에 없다.

신뢰도는 같은 장면을 여러 차례 관찰했을 때 얼마만큼 일관된 결과를 얻는가의 정도를 나타내는 것이다. 이것은 관찰자 내 신뢰도와 관찰자 간 신뢰도가 있다. 관찰자 내 신뢰도는 한 명의 관찰자가 같은 장면을 놓고 여러 번 관찰했을 때 결과의 일치 정도를 의미하며, 관찰자 간 신뢰도는 한 장면을 놓고 여러 명의 관찰자가 관찰했을 때 관찰자 간 결과의 일치 정도를 의미한다.

예를 들어, 유치원 교실에서 2명의 관찰자가 A영유아와 B영유아의 놀이를 관찰한다. 쌓기영역에서 A영유아는 블록으로 집을 만들고 있고, B영유아는 옆에서 자동차를 만들고 있는 놀이장면을 관찰하였다. 한 명의 관찰자는 A영유아와 B영유아가 병행 놀이를 했다고 기록하였고, 다른 관찰자는 협동 놀이를 하였다고 기록하였다면 관찰자 간에는 신뢰도가 확보되지 않았다고 할 수 있다.

신뢰도를 확보하기 위해서는 관찰 전 관찰대상의 행동에 대한 항목을 만들고 항목들에 대한 명확한 정의가 내려져야 한다. 앞의 예에서 놀이에 대한 행동을 관찰하는 것이므로 영유아의 놀이 유형을 유목화하고 각 유형의 정의를 내려놓아야 하는 것이다. 만약 협동 놀이에 대한 정의와 병행 놀이에 대한 정의를 명확히 내려놓고 관찰자 간 그에 대한 합의와 사전 연습을 철저히 하였다면 두 관찰자 간 결과는 일치했을 것이다. 이렇게 관찰자 내 신뢰도와 관찰자 간 신뢰도는 사전에 얼마나 준비를 철저히 했느냐에 달려 있다. 실제로 관찰을 수행하기 위해서는 신뢰도가 높게 나올 때까지 수차례 사전 연습을 반복하여야 한다.

2) 타당도

연구자는 연구문제를 해결하기 위해서 연구문제를 해결하는 데 꼭 맞는 자료, 즉 연구문제를 해결하는 데 타당한 자료를 수집하여 분석하려고 할 것이다. 타당한 자료를 수집해서 분석했을 때 객관적 결과가 도출될 수 있고, 알고자 하는 것을 제대로 알아보았다고 할 것이다.

관찰에서 타당도란 관찰자가 관찰하려고 하는 것을 얼마만큼 정확하게 관찰하였는지 정도를 나타내는 것이다. 어떤 관찰자가 영유아의 친사회적 행동을 관찰한다고 가정해 보자. 우선, 관찰자는 친사회적 행동이 어떤 행동인지 이론적 탐색을 통해서 친사회적 행동의 개념과 정의, 친사회적 행동이라고 분류할 수 있는 영유아의 행동들에 대한 유목을 만들어야 한다. 유목에는 모든 친사회적 행동이 포함되어야 하고 유목 간에는 서로 배타적이어야 혼동이 없고 중복되지 않는다. 그러기 위해서 유목 하나하나에 대한 정의를 명확히 기술해야 한다.

관찰에서도 타당도 검증은 꼭 필요한 절차이다. 타당도를 검증하는 것은 관찰 도구가 연구문제를 해결하기 위해 내용이 적합하게 구성되었는지 확인하는 것이다. 타당도 검증 방법은 내용타당도, 공인타당도, 구인타당도 등이 있다.

내용타당도는 관찰하려고 하는 바를 올바르고 완전하게 관찰하는지 관찰 도구의 내용이 제대로 구성되었는지 관찰자 자신이 검토하거나, 전문가 집단에게 의뢰하여 검증받는다. 내용타당도는 주관적 판단에 의존하므로 수치로 나타내지 않는다.

공인타당도는 관찰하기 위해 만든 도구에서 얻은 결과와 기존에 타당성을 인정받고 있는 도구의 결과와의 상관관계로 검증하는 것이다. 공인타당도를 구하기 위해서는 기존에 개발된 유사한 도구를 확보하는 일이 필요하다. 만약 유사한 도구가 없다면 공인타당도는 구할 수가 없는 것이다.

구인타당도는 관찰하려고 하는 행동이 추상적이기 때문에 타당도를 구하기 어려울 때 사용하는 방법인데, 수렴타당도와 변별타당도로 구한다. 수렴타당도는 동일한 행동을 관찰하는 서로 다른 도구들을 개발하고, 이들의 결과 간에 상관관계가 높을 때 타당도가 높다고 보는 것이다. 변별타당도는 서로 다른 두 행동을 관찰하는 도구를 개발하고 결과 간에 상관관계가 낮을 때 타당도가 높다고 보는 것이다.

3) 사실과 추론

관찰자가 사회성을 알아보기 위해서 관찰을 수행하고 있는 중 교실에서 울고 있는 A영유아를 발견하였다. 우는 행동은 관찰의 사실로 기록될 것이다. 관찰자가 A영유아가 울기 조금 전에는 어떤 친구가 장난감을 빼앗아 갔기 때문에 A영유아가 울었다는 것을 알았다면, 관찰자는 A영유아가 마음이 여린 아이라는 추론을 할 수 있을 것이다. 그렇지 않고 우는 순간만을 보았다면 이런 추론은 하지 못할 것이다.

관찰에서는 사실과 추론을 다 이용한다. 사실은 사실대로 중요한 정보이고 사실에 근거한 추론은 더 정확한 결론으로 다가갈 수 있게 해 준다. 관찰에서 사실과 추론은 같은 길을 가는 동반자이지만 추론이 사실을 대신할 수는 없다. 기록할 때는 사실인지 추론인지 명확히 구별해야 관찰의 결과를 객관화시킬 수 있다.

사실과 추론의 구별은 특히 일화기록에서 엄격히 지켜야 한다. 관찰 기록지에 사실을 적는 난과 추론을 적는 난을 구분하여 적도록 만들면 된다.

4) 객관과 주관

관찰은 과학적으로 현상을 알려는 것이기 때문에 기본적으로 객관적 기술이 중요하다. 그렇지만 관찰자의 입장에서 느낀 것을 기술할 수밖에 없는 것들이 있다. 객관적으로 기술된 정보들과 주관적으로 기술된 정보들이 더해져 현상을 더 정확하게 설명할 수 있다. 예컨대 객관적으로 기술되어야 할 정보들은 영유아들의 숫자, 행동의 횟수, 지속시간 같은 것이고, 주관적으로 기술되어야 할 정보들은 교실이 쌀쌀하게 느껴졌다, 귀엽다, 교실 공간이 아이들의 숫자에 비해 좁았다, 지루하다, 재미있다 등이다. 하지만 주관적 기술은 제한적으로 사용해야 한다. 관찰장면의 분위기를 이해하기 위한 부가적 기술이 필요할 때 사용한다.

5) 관찰할 행동 정의 및 분류(항목 만들기)

관찰에서 핵심은 관찰하려고 하는 행동이나 인성, 인지, 정서 등을 정확히 정의하고 하위 요소에 대한 분류와 그 속성들을 파악하여 관찰 항목을 만드는 것이다. 이를 위해서는 해당 개념에 대한 탐색과 이론적 공부가 충분히 이루어져야 가능하다.

관찰할 행동을 정의하고 세부 항목을 만드는 것은 관찰 도구를 개발하는 것이라고 할 수 있다. 세부 항목을 분류할 때는 각 항목이 중복되지 않으면서 행동의 속성을 나타내는 모든 항목이 빠짐없이 포함되어야 한다. 이렇게 만들어진 도구는 타당성이 높으며 측정하려고 하는 바를 정확하게 측정할 수 있게 된다.

도구의 개발은 간단히 즉흥적으로 만들어지는 것이 아니고 관찰의 목적에 따라 정도의 차이는 있지만 철저하고도 엄밀한 절차를 거쳐야 한다. 예컨대 담임교사가 영유아들의 지도를 위한 관찰이라면 교사가 필요하다고 생각하는 범위에서 비교적 쉽게 관찰도구를 만들어 사용할 수 있을 것이다. 하지만 연구문제를 가지고 할 관찰이라면 체계적인 절차에 따라 도구를 개발하여야 한다. 그러므로 공인된 도구를 만들기 위해서는 상당한 시간과 노력이 필요하다. 많은 연구에서는 이미 체계적으로 만들어 놓은 검증된 도구를 사용하는 경우가 많다.

노영희 등(2006)은 교사의 일상적인 관찰을 통해 영유아의 창의성을 평가할 수 있는 관찰 도구를 만들었다. 이 도구는 많은 창의성 연구에서 사용된 바가 있다. 〈표 1-3〉과 같이 창의성을 구성하는 인지적 요인 4가지와 정의적 요인 4가지로 분류하고 각 항목에 대한 정의가 구체적으로 설명되어 있다.

표 1-3 교사용 영유아 창의성 평정척도

요인		개념 정의	문항수
인지적 요인	확산적 사고	문제 해결을 위해 다양한 관점에서 가능한 한 많은 아이디어를 생성해 내고 이러한 아이디어는 독특한 특성을 지님	8
	유창성		
	융통성		
	독창성		
정의적 요인	호기심	주변의 사물이나 현상에 대해 의문이나 관심을 가지려는 특성	9
	몰입과 인내	주어진 과제에 대해 오랜 시간 동안 몰두를 하고 과제를 끝까지 해내는 특성	7
	탈규범성	어떤 기존의 제도 또는 규칙에 얽매이는 것을 싫어하는 특성	6
	독립성	다른 사람의 생각이나 평가에 개의치 않고 혼자서 일을 하는 특성	3

출처: 노영희 외(2006). 교사용 유아 창의성 평정척도 개발. 열린유아교육연구, 11(1), 23-44.

1-9 자료 분석

관찰이 끝나면 기록지에 많은 정보가 수집된다. 정보들은 가설을 검증하거나 연구문제에 대한 결론을 구하기 위해 분석된다. 자료 분석은 수집된 자료의 성질에 따라 양적 자료는 양적 분석이 이루어지고, 질적 자료는 질적 분석이 이루어진다. 자료 분석은 많은 양의 정보를 다루어야 하기 때문에 컴퓨터를 이용한 통계 프로그램이 사용된다.

1) 양적 분석

양적 자료를 분석할 때는 Excel이나 SPSS와 같은 통계 프로그램을 사용하여 빈도와 백분율, 평균, 표준편차 등을 구하면 된다. 만약 가설을 검증한다면 집단의 빈도를 가지고 하는 카이제곱검정, 집단의 평균을 비교하는 t검정, ANOVA 기법을 사용하고, 유목 간의 관련성을 알아본다면 각 유목의 평균 점수를 가지고 상관계수를 구하면 된다. 양적 분석은 수치로 나타내기 때문에 분석 결과를 명료하게 제시할 수 있다. 영유아의 창의성이나 사회성을 점수로 나타낼 수 있고, 가설의 검증에서도 기각이냐 아니냐를 정해진 유의수준에서 명확히 판단할 수 있다.

2) 질적 분석

질적 자료를 분석할 때는 양적 자료를 분석할 때보다 까다롭고 엄밀한 과정을 거쳐야 한다. 질적 자료는 그 자체가 주관성을 띠고 있고, 그것을 해석하는 일도 분석자의 주관이 개입될 여지가 많기 때문이다.

수집된 방대한 자료들은 기록지에 문장으로 기술되어 있기 때문에 처리 가능한 수준으로 만들기 위해서 체계적인 자료처리 절차를 거쳐야 한다. 자료처리는 ① 자료의 조직화 ② 유목화와 주제 생성 ③ 가설의 검증 또는 해석 순으로 한다. 질적 분석이 주관성이 있다고 해도 해석의 객관성과 신뢰성을 보장하기 위해서는 각 단계에서 여러 분석자가 교차검증을 할 필요가 있다.

(1) 자료의 조직화

기록지에 문장으로 기술된 내용을 여러 번 읽으면서 전체적인 내용을 파악하고 결과를 가장 잘 나타낼 수 있는 자료정리 방향을 정한다. 분석자가 판단한 대로 문장 중에서 의미가 있는 구절을 따로 분류하여 정리한다.

(2) 유목화와 주제 생성

의미 있는 문장들을 반복해서 읽다 보면 속성이 비슷한 것끼리 유목화할 수 있다. 유목화한 문장들의 묶음에는 이를 대표할 수 있는 주제를 달 수 있다. 여러 문장의 묶음에는 하나의 주제가 달리고 전체 자료에는 여러 개의 주제가 만들어진다. 물론 이 주제들은 몇 개의 상위 주제로 묶일 수도 있다. 주제를 생성할 때는 여러 개의 의미 묶음을 대표하는 주제어를 생성하기 위해서는 은유적 기법을 사용한다.

(3) 가설의 검증 또는 해석

관찰을 시작하기 전에 알고자 하는 바에 대한 가설을 세웠다면 생성된 주제들과 대조하여 일치하는지 알 수 있다. 생성된 주제가 가설과 일치한다면 가설은 받아들여진 것이다. 가설을 세우지 않고 영유아들의 문화나 경험이 무엇인지 알고자 한 관찰이라면 생성된 주제들을 가지고 학문적 근거를 토대로 해석한다. 해석은 관찰대상을 이해하는 것이며, 새로운 이론을 발견하는 것이다.

1-10 자료수집 대상

관찰은 오감을 통해서 정확히 지각하고, 이를 정확히 기록하는 문제를 가지고 있다. 영유아들은 자신이 내면에 가지고 있는 감정이나 지식을 어떤 방식으로라도 밖으로 표현하게 마련이다. 영유아들이 표현하는 것들을 통해서 영유아의 내면을 알 수 있다. 그래서 관찰자가 정보수집을 위해 주의를 기울이는 대상은 말 · 행동 · 표정 · 작품 같은 것들이다. 이는 관찰자가 영유아의 내면을 알게 하는 매개물인 것이다. 매개물들은 나름대로 어떤 의미를 가지고 있어서 해석의 대상이 된다.

관찰은 관찰자의 지각능력에 의존하기에 무엇보다도 예민한 지각 능력을 가지고 있어야 한다. 이를 위해서는 해당 분야의 지식을 어느 정도 가지고 있어야 하고, 지각에 필요한 훈련이 선행되어야 한다. 같은 장면을 보고도 사람마다 본 것에 대한 이야기를 제각각 하는 것은 아마도 지각능력에 차이가 있기 때문일 것이다.

1) 말 · 표정 · 몸짓

말은 자신의 감정이나 지식, 욕구를 표현하는 수단으로 가장 많이 사용된다. 아마 관찰에서도 가장 주의를 기울이는 것은 유아들의 말일 것이다. 말은 소리로서 독립된 의미를 가지는 것이 아니라 말하는 사람의 표정과 몸짓이 더해져 더욱 구체적 의미를 가진다. 관찰자는 말의 소리만 듣는 것이 아니고 말하는 사람의 표정과 몸짓까지도 함께 보아야 정확한 정보를 수집할 수 있다. 말은 듣고 그대로 쓰거나 녹음을 통해서 수집한다.

2) 행동

넓은 의미로 행동은 말이나 표정, 몸짓까지도 포함하지만, 여기서는 비교적 동작이 큰 움직임을 행동이라고 하겠다. 예를 들어 손으로 상대방을 때리는 것이라든지 깡총깡총 뛰는 동작, 책상 위를 올라가거나 뛰어내리는 것을 말한다. 이러한 행동들도 영유아의 생각이나 감정, 의사를 표현하기에 영유아의 내면을 이해하는 데 중요한 정보가 된다. 행동에 나타난 정보를 수집할 때는 동작을 언어적으로 묘사하여 기록한다. 여기에서는 의태어와 형용사, 부사어를 사용하여 사실적으로 묘사할 수 있다.

3) 표현작품

유아들은 놀이와 학습활동에서 많은 결과물을 생성한다. 예컨대 쌓기 놀이에서 멋진 성을 만들기도 하고, 종이컵을 이용하여 전화기를 만들고, 그림을 그리기도 하고, 편지나 동시를 쓰기도 한다. 이러한 작품을 수집하여 분석하면 영유아의 사고수준이나 감정 등을 이해할 수 있다.

4) 사진

사진은 어떤 장면을 영구적으로 보관하는 기능을 한다. 우리가 일상생활을 하는 동안 수많은 장면이 이어진다. 그러나 그 순간순간을 기억하거나 기록하기에는 한계가 있다. 어떤 행사를 진행하는 동안 중요한 장면마다 사진을 찍어 놓는다면 행사가 끝난 후에도 행사의 내용이 어떠하였는지 알 수가 있다. 영유아의 작품 중에는 너무 커서 보관이 불가능한 것들이 있다. 모래놀이터에서 만든 놀이 흔적이거나 쌓기 놀이에서 만든 자동차 등은 사진을 찍어 편하게 정보를 수집할 수 있다.

5) 문서

문서는 어떤 교육활동에 대한 공식적인 근거가 되기도 하고, 교육활동의 성격이나 목적을 나타낸다. 교실의 상황을 이해하기 위해서는 기본적으로 교육활동의 기저가 무엇인지 알아야 하기 때문에 문서의 수집은 꼭 필요하다. 수집할 문서는 교육계획안, 가정통신문, 출석부 등이다.

관찰자는 관찰의 체계성이나 계획성을 유지하기 위해서 관찰일지, 관찰노트, 관찰자 저널 등을 작성하는 데 이러한 문서도 수집대상이 된다. 필요에 따라서는 관찰대상의 학급 담임교사의 저널 같은 것도 수집할 수 있다.

CHAPTER

2

면접(면담)

CHAPTER

2 면접(면담)

2-1 면접의 정의 및 필요성

면접은 영유아와 대면해서 언어적 혹은 비언어적 반응을 통하여 영유아에 대한 정보를 수집하는 방법이다. 영유아가 언어적 소통이 가능한 만 3세 이상이 되어야 면접법이 가능하다. 면접법은 서로 상호작용하는 가운데 정보를 수집하기 때문에 영유아가 응답하는 정보가 진짜인지 가짜인지를 판단할 수 있어서 좋고, 대답이 미심쩍거나 부족할 경우 추가 질문을 통해서 더 자세히 알아볼 수 있다. 면접으로 알아본 정보는 관찰에서 얻은 정보보다 구체적이고 심도 있는 것이라 영유아의 자아개념, 창의 인성, 지식, 수학개념, 음악개념 등을 평가할 때 주로 사용한다.

면접법은 영유아를 평가하기 위해 독립적으로 사용하는 방법이기도 하지만 관찰과 병행하여 관찰에서 수집하지 못한 구체적인 정보를 수집하거나 관찰에서 수집한 정보에 대하여 행동의 당사자인 영유아에게 그 행동의 진짜 의미가 무엇인지 확인하는 수단으로도 사용된다. 예컨대 영유아가 친구의 손을 잡고 쌓기 영역으로 데리고 가는 행동을 보았다면 행동의 속내를 알아보기 위해 관찰이 끝난 다음 그 영유아를 찾아가 그 행동을 왜 했는지 물어보아 행동의 의미를 확실하게 알 수 있다.

면접법은 영유아와 가까이서 질문하고 응답을 기다리는 것이라 사전에 면접자와 영유아 간에 라포(rapport)가 형성되지 않으면 면접 자체가 어렵다. 억지로 면접을 하더라도 영유아가 불안하거나 무서워하는 상태에서 응답하는 것은 왜곡된 정보일 가능성이 높다.

어린 영유아들을 면접할 때는 말로 하는 질문과 그림을 보여주면서 병행하는 방법을 사용하여 영유아가 쉽게 질문을 이해하고 응답하도록 그림으로 보여주면서 손가락으로 짚어서 할 수 있도록 한다.

2-2 면접의 절차

면접도 관찰과 마찬가지로 교육과 관련한 연구 과제를 해결하기 위해 영유아로부터 정보를 수집하는 방법의 하나이다. 면접이 객관적으로 이루어지기 위해서는 필요한 절차와 원칙을 지켜서 해야 한다.

1) 면접 목적 설정하기

면접을 왜 하는지 무엇 때문에 하는지를 분명하게 하는 것은 면접 이후 절차에서 방향을 잡는 데 기준이 된다. 면접하는 목적은 관찰의 목적과 동일하다고 보면 된다.

면접의 목적은 영유아의 일상적 생활을 관리하기 위한 것부터 학습수행 평가, 발달평가, 경험이나 문화를 알아보는 것까지 다양하다.

2) 면접 항목 정하고 문항 만들기

면접의 항목은 수집하고자 하는 정보의 구체적 영역인데, 예를 들어 수학개념, 창의성, 과학 태도, 자아개념 등을 정하고 구체적인 질문 문항을 작성한다. 이때 다른 연구자가 이미 개발한 도구를 그대로 사용할 수도 있다.

3) 면접 기록지 작성하기

면접 기록지는 관찰 기록지와 유사하게 작성할 수 있다. 자료처리 방법을 고려하여 체크리스트, 평정척도와 같은 기록지를 사용할 수도 있고, 면접자가 용도에 맞게 만든 설화적 기록지 중에서 선택할 수 있다. 이때 기록지에 포함될 목록은 면접 항목과 일치하게 만든다.

4) 면접방법 결정하기

면접방법은 연구영역과 항목에 따라 적합한 방법이 동원되어야 한다. 면접방법은 구조화된 면접/비구조화된 면접, 개인면접/집단면접으로 할 것인지 결정한다.

5) 면접대상 정하기

면접대상은 연구를 위한 것이라면 연구대상이 면접대상이 되는 것이다. 실험연구인 경우는 실험집단과 비교집단으로 표집하고 이 집단에 속한 영유아들을 면접하면 된다.

6) 면접 수행 및 기록하기

선택된 면접방법에 따라 면접자와 영유아 간에 상호작용(질문과 응답)을 통하여 정보를 수집하고 기록방법에 따라 기록지에 기록한다. 이때 면접자는 영유아들에 대하여 편견 없이 중립적인 태도를 취하고, 낯선 외부인이 면접할 때는 사전에 수차례 방문하여 영유아들과 친숙하도록 한다. 질문과 응답이 내러티브적 자료라면 받아 적는 데는 한계가 있으므로 녹음을 병행한다.

7) 기록지 정리 및 분석하기

면접이 끝난 후 기록지에 정보들이 수집되었을 것이다. 기록지의 정보들은 분석할 수 있도록 재정리되거나 수치로 기록된 점수나 빈도는 합산한다. 서술식 질적 자료는 질적 분석을 위한 과정에 따라 정리되고, 평정척도나 체크리스트는 수치로 정량화될 수 있도록 총점과 평균 등을 구한다.

2-3 면접의 종류

면접의 종류는 분류기준에 따라 나눌 수 있는데, 기능적으로 분류하면 진단 면접과 조사 면접이 있고, 면접내용의 통제 여부에 따라서는 구조화된 면접과 비구조화된 면접이 있고, 피면접자의 수에 따라서는 개인면접과 집단면접이 있다.

1) 진단 및 처방 면접

교사가 자신의 학급 영유아들을 관리하기 위해서 할 수 있는 면접이다. 어떤 영유아가 유치원에 적응하지 못하고 날마다 울기와 떼쓰기를 한다면 원인이 무엇인지 알아서 처방까지 해야 할 때 하는 면접이다. 아동상담처럼 영유아의 문제를 진단하고 영유아가 문제를 해결할 때까지 면담을 수차례 진행할 수 있다.

2) 조사면접

대상자에 대한 다양한 정보를 조사할 필요가 있을 때 실시하는 면접인데, 영유아교육기관에서는 영유아의 요구, 동기, 정서, 지식 같은 것을 알아보기 위해서도 실시할 수 있고, 교육평가를 위해서 특정 분야의 발달이나 성취도를 평가하는 목적으로도 사용되는 면접법이다.

3) 구조화된 면접

구조화된 면접은 면접에서 사용할 질문목록을 사전에 만들어 놓고 순서에 따라 질문하고 응답 내용을 조사표에 기록하는 방식이다. 면접 내용을 체계적으로 만들어진 조사표에 기록하기 때문에 면접결과를 부호화하는 데 편리하다. 사전에 질문할 목록을 만들어 놓기 때문에 질문을 체계적으로 할 수 있고, 여러 명의 면접자가 동일한 내용을 수집하기 위해서 하는 경우 신뢰도를 높일 수 있는 방법이다. 또한 여러 명의 응답자를 대상으로 할 때도 일관된 질문을 할 수 있어 신뢰도에 도움이 된다. 이 방법은 질문항목 이외에는 질문을 하지 않기 때문에 계획된 연구문제를 해결하는 데 적합하다.

4) 비구조화된 면접

비구조화 면접은 사전에 질문목록을 만들지 않고 면접목적만 가지고 응답자와 상호작용하면서 응답자의 반응에 따라 즉흥적으로 질문하면서 정보를 수집하는 방식이다. 응답자에 대한 심층적인 정보를 얻을 수 있기 때문에 경험이나 문화를 알고자 할 때 사용할 수 있는 방법이다. 면접자는 고도로 숙련된 면접기술이 있어야 하고, 면접 자료를 정리하기 위한 부호화가 까다롭다.

5) 개인면접

면접자와 피면접자가 단둘이서 서로 상호작용하면서 정보를 수집하는 방식이다. 대부분의 면접이 개인면접으로 이루어진다.

6) 집단면접

집단면접은 면접자 한 사람이 다수의 피면접자를 대상으로 동시에 면접을 하는 방식이다. 한꺼번에 여러 사람으로부터 반응을 기록해야 하기 때문에 숙달된 기술이 필요하다. 집단면접은 피면접자끼리 응답에 영향을 줄 수 있고, 다른 사람의 눈치를 보면서 응답할 수도 있다.

2-4 면접 사례 및 실전

1) 유아 자아개념 검사

면접방법으로 유아의 자아개념을 측정하는 검사 도구는 면접을 통하여 실시하는 경우가 일반적이다. 이경화와 고진영(2006)은 유아용 자아개념 검사 SLC를 개발하였다. 이 도구를 사용하는 방법은 그림으로 제작된 문항을 보여주면서 면접자가 질문하고 유아가 응답하게 하는 것이다. 유아의 응답은 전혀 그렇지 않다 1점, 그렇지 않다 2점, 그렇다 3점, 아주 그렇다 4점 중에서 하나에 체크한다. 면접검사도구와 면접자의 질문 내용은 다음과 같이 한다.

면접자: "이 그림의 아이는 글을 잘 읽을 수 있는데 ○○는 글을 잘 읽을 수 있니?"라고 묻는다.
유　아: "나도 잘 읽어요"라고 답하면
면접자: "아, ○○도 잘 읽는구나. 그럼 아주 잘 읽니? 조금 잘 읽니?"라고 다시 질문한다.
유　아: "저는 잘 못 읽어요"라고 답하면
면접자: "그럼 ○○이는 조금 잘 못 읽니? 아주 잘 못 읽는 편이니?"라고 묻는다.

그림 2-1 유아 자아개념 검사도구

2) 친사회적 행동검사도구

이원영 등(1993)은 McGinnis와 Goldstein(1990)이 제작한 기술상황척도를 한국 유아들이 쉽게 이해하고 유아가 반응이 가능한 15개 문항으로 수정하여 만든 '친사회적 행동검사도구'를 제작하였다. 이 검사는 유아의 개인정서조절능력, 대인관계형성능력, 유치원적응능력의 3개 영역별로 각각 5개 문항 총 15개의 문항으로 구성되어 있다. 각 항목은 문제 상황으로 설명된 그림 인지 과제로 구성되어 있으며, 문항의 구성은 〈표 2-1〉과 같다.

표 2-1 유아 친사회성 검사도구

하위 영역	내용	그림번호
개인 정서 조절 능력	• 친구로부터 소외당할 때(소외감) • 화가 무조건 날 때(흥분감 다루기) • 친구가 놀릴 때(놀림 다루기) • 친구가 공평하지 못할 때(공정성 결정하기) • 자기가 잘못된 행동을 했을 때(결과 수용하기)	1 2 3 4 5
대인 관계 형성 능력	• 친구들 놀이에 새로 참여하기 • 자기 차례 기다리기 • 친구가 슬퍼할 때 위로하기 • 친구와 놀잇감 나누어 가지고 놀기 • 친구 도와주기	6 7 8 9 10
유치원 적응 능력	• 단호하게 말하기 • 양해 구하기 • 지시에 따르기 • 힘들어도 열심히 하기 • 상황에 알맞게 부탁하기	11 12 13 14 15

검사방법은 다음의 그림 인지 과제로 된 도구의 문항에 해당하는 그림을 보여주면서 표의 오른쪽에 있는 면담자의 질문내용과 같이 질문한다.

15개의 문항을 1번부터 차례로 질문하고 유아가 반응한 것을 면접지에 기록한다. 면접지 각 문항에는 '언어적 반응', '코딩', '점수'를 기입할 수 있는 칸이 있는데, '언어적 반응' 칸에는 유아가 말한 것을 써넣고, '코딩' 칸에는 A, B, C, D(A-친사회적 반응, B-공격적 반응, C-비관련 반응, D-무반응)를 기입한다. '점수' 칸에는 A-친사회적 반응에만 1점을 주고, 그 외 B, C, D에는 0점을 준다. 각 문항의 점수를 합산한 값이 친사회적 행동 점수가 된다.

(1) 개인 정서 조절 능력

순희와 영희는 매우 친한 친구예요. 그런데, 순희가 영희와 놀지 않고 다른 친구들과 놀고 있어서 영희는 기분이 나빴어요. 영희는 어떻게 해야 할까요?

철수는 지금 아주 화가 나 있어요.
이럴 때 철수는 어떻게 해야 할까요?

철수가 놀고 있는데, 친구가 와서 "돼지야!"라고 놀렸어요.
이럴 때 철수는 어떻게 해야 할까요?

친구가 유치원에서 다 함께 쓰기로 한 크레파스를 혼자서 쓰고 있어요.
철수도 그림을 그리고 싶은데, 친구는 "네 것으로 해"하면서 주지 않는 거예요. 철수는 어떻게 하면 좋을까요?

철수가 화가 나서 친구를 때렸어요.
선생님이 "네가 친구를 때렸니?"하고 물으셨어요.
이때 뭐라고 할까요?

그림 2-2 개인 정서 조절 능력

(2) 대인 관계 형성 능력

	친구들이 재미있게 놀고 있는데, 영희도 같이 놀고 싶어요. 영희는 어떻게 하면 좋을까요?
	친구가 공을 넣을 차례가 되었어요. 철수는 친구가 공을 넣는 동안 어떻게 해야 할까요?
	친구가 무척 슬퍼하고 있어요. 영희는 어떻게 해야 할까요?
	놀잇감이 모두 순희 앞에만 있어요. 그런데 영희도 그 놀잇감을 가지고 놀고 싶어해요. 이럴 때 어떻게 하면 둘 다 그 놀잇감을 가지고 놀 수 있을까요?
	친구가 물건을 많이 들고 있어서 문을 열 수가 없어요. 철수는 어떻게 해야 할까요?

그림 2-3 대인 관계 형성 능력

(3) 유치원 적응 능력

	철수가 장난감 자동차를 가지고 재미있게 놀고 있는데, 친구가 와서 빼앗아 갔어요. 이때 철수는 친구에게 어떤 말을 해야 할까요?
	영희가 극장에서 영화를 보려고 하는데, 앞사람에게 가려서 영화가 잘 보이지 않아요. 이때 영희는 어떻게 해야 할까요?
	선생님이 카펫 위에 조용히 앉으라고 하시는데, 영희는 어떻게 해야 할까요?
	선생님이 구슬 꿰기를 주셨는데 영희는 어렵다고 생각했어요. 영희는 이럴 때 어떻게 해야 할까요?
	영희는 가위가 필요한데 어디 있는지 몰라요. 선생님께 여쭈어 보려고 하는데, 다른 아이하고 책을 읽고 계세요. 영희는 어떻게 해야 할까요?

그림 2-4 유치원 적응 능력

표 2-2 친사회적 행동검사 면접 기록지

이름: __________ _____ 세 성별: _____ 검사일: _________ 년 ____ 월 ____ 일

<table>
<tr><th>요인</th><th></th><th>유아의 언어적 반응</th><th>코딩</th><th>점수</th></tr>
<tr><td rowspan="5">개인 정서 조절 능력</td><td>1. 친구로부터 소외당할 때</td><td></td><td></td><td></td></tr>
<tr><td>2. 무조건 화가 날 때</td><td></td><td></td><td></td></tr>
<tr><td>3. 친구가 놀릴 때</td><td></td><td></td><td></td></tr>
<tr><td>4. 친구가 공평하지 못 할 때</td><td></td><td></td><td></td></tr>
<tr><td>5. 잘못된 행동을 한 후 벌을 받을 때</td><td></td><td></td><td></td></tr>
<tr><td rowspan="5">대인 관계 형성 능력</td><td>6. 친구들 놀이에 새로 참여하려 할 때</td><td></td><td></td><td></td></tr>
<tr><td>7. 자기 차례를 기다려야 할 때</td><td></td><td></td><td></td></tr>
<tr><td>8. 친구의 슬픈 마음을 위로해야 할 때</td><td></td><td></td><td></td></tr>
<tr><td>9. 친구와 놀잇감을 나누어 가지고 놀아야 할 때</td><td></td><td></td><td></td></tr>
<tr><td>10. 친구를 도와주어야 할 때</td><td></td><td></td><td></td></tr>
<tr><td rowspan="5">유치원 적응 능력</td><td>11. 생각이나 느낌을 용기 있게 말해야 할 때</td><td></td><td></td><td></td></tr>
<tr><td>12. 양해를 구해야 할 때</td><td></td><td></td><td></td></tr>
<tr><td>13. 지시에 따라야 할 때</td><td></td><td></td><td></td></tr>
<tr><td>14. 힘들어도 열심히 해야 할 때</td><td></td><td></td><td></td></tr>
<tr><td>15. 상황에 알맞게 부탁해야 할 때</td><td></td><td></td><td></td></tr>
<tr><td colspan="2">비고</td><td></td><td>계</td><td></td></tr>
</table>

3) 유아 창의성검사

전경원(2003)은 만4~6세를 대상으로 창의성을 측정할 수 있는 유아용 종합 창의성검사 도구를 개발하였다. 창의성의 주요 척도인 유창성, 융통성, 독창성, 상상력을 언어, 도형, 동작표현의 3가지 영역에서 창의성을 측정한다. 도구의 구성은 〈표 2-3〉과 같다.

표 2-3 유아용 종합 창의성검사 도구

검사명	영역	검사의 내용	시간
검사1 빨간색 연상	언어	빨간색과 연상되는 물건이나, 느낌 생각을 적어보게 하는 연상활동으로 이루어져 있다.	3분
검사2 도형 완성	도형	S자 모양 9개를 제시하고, 그 선을 하나씩 이용하여 어떤 그림을 그리는 것이다.	3분
검사3 동물 상상	신체	동물(강아지, 개구리, 원숭이, 토끼, 호랑이)을 상상하여 신체로 표현하게 하는 것이다.	3분
검사4 색다른 나무치기	신체	전통놀이 비석치기와 같은 형식으로 창의나무1을 세워 놓고 창의나무2를 사용하여 색다른 방법으로 쓰러뜨리게 하는 것이다.	7분

검사자는 검사방법에 따라 면접검사하고 그 결과는 결과지에 기록하면 된다. 이때 검사자는 검사요강에 따라 엄격하게 실시해야 신뢰할만한 결과를 얻을 수 있다. 검사방법은 〈표 2-4〉와 같다.

표 2-4 창의성 검사방법

검사명	방법	예문
검사1 빨간색 연상하기	1. 활동 전 유사활동으로 사전 활동을 하고 빨간색 종이를 보고 생각나는 물건이나 느낌을 기록한다. 2. 예문을 들려주어 검사에 대한 소개와 이해를 돕고 글을 모르는 영유아는 그대로를 적어주며 검사 용지 한 줄에 하나의 목록을 기록한다. 3. 두 번 나온 반응은 한번으로 간주, 중복되게 적지 않는다.	1. 무슨 색깔인가요? 2. 우리 주변에는 빨간색으로 되어 있는 것들이 많이 있지요. 3. 빨간색을 보니 어떤 느낌이 드나요? 4. 빨간색을 보고 떠오르는 물건이나 느낌 등을 이야기해 보세요.
검사2 도형 완성하기	1. 활동 전 유사활동으로 사전활동을 한다. – 원을 이용해 재미있는 그림 2. 주어진 시간 안에 9개의 도형을 모두 완성하지 않아도 됨을 알린다. 3. 예문을 들려주어 검사에 대한 소개와 이해를 돕고 3분이 되면 그림에 제목을 붙인다. 글을 쓰지 못하면 검사자가 적어준다.	1. 친구는 S자 모양을 이용하여 눈사람을 그렸네요. 이미 그린 사람은 그리지 마세요. 2. 9개의 모양에 서로 다른 그림을 그려 보세요. 3. 제목은 조금 있다 선생님이 이야기하면 적어요.
검사3 동물 상상하기	1. 활동 전 유사활동으로 간단한 사전활동을 한다. • ○○가 새가 되었다고 상상해 보고 움직여 보세요. 어떻게 소리낼까 흉내 내 보세요. 2. 제한 시간은 3분이지만 3분 안에 5가지 동물 상상하기가 끝나지 않았을 경우, 시간을 연장하여 5가지를 상상하여 표현할 수 있도록 한다.	1. 동물 이야기를 하면 그 동물이 되어 흉내 내 보는 놀이로 몸을 움직여 흉내 내 보세요. 2. 강아지, 개구리, 원숭이, 토끼, 호랑이 흉내 내기. • 푸른 초원에서 뛰어 노는 모습을 상상해 봐요.

검사명	방법	예문
검사4 색다른 나무치기	1. 유사활동으로 사전활동을 한다. • 의자에 앉아 손으로 가볍게 던지는 예를 보여주어 검사에 대한 소개와 이해를 돕는다. 2. 창의나무1을 바닥에 세워놓고 유아에게 1m 정도 떨어지거나 가까이 가서 창의나무2를 사용하여 창의나무1을 쓰러뜨린다. 신체의 여러 부위를 이용하여 다양한 방법으로 창의나무2를 옮겨갈 수 있다. 3. 검사 동안 유아의 다양한 반응이 나올 수 있도록 격려하나 힌트는 주지 않는다.	1. 나무를 이용하여 재미있는 놀이를 해 봅시다. 2. 앞에 세워진 창의나무1을 창의나무2로 쓰러뜨리는 놀이로 규칙이 있어요. 똑같은 방법으로 쓰러뜨리지 않고 몸을 이용한 여러 가지 다양한 방법으로 쓰러뜨리고 반드시 창의나무1을 맞출 필요는 없어요. 3. 재미있는 방법을 생각해 보고 직접 해 보세요.

검사 결과를 채점기준에 따라 채점하여 점수로 나타내는데, 채점방법 및 채점기준은 〈표 2-5〉와 같다.

표 2-5 채점방법 및 채점기준

검사명	채점방법	채점기준
검사1 빨간색 연상하기	1. 유창성: 창의성 척도 기록표에 적힌 영역별로 개수를 세고 가능한 물건들을 종류별로 묶어 한 가지로 취급 2. 융통성: 빨간색 융통성 범주표를 참조하여 반응이 범주에 속하는지 기록지에 적고 또 나온 건 지움 3. 독창성: 연령별, 성별 구분 채점	1. 유창성: 1~5개는 1점, 6~10개는 2점, 11~15개는 3점 2. 융통성: 융통성 범주당 1점 3. 독창성: 독창성 채점표에 제시된 반응은 0점 처리하고, 나머지 반응은 모두 1점
검사2 도형 완성하기	1. 유창성: 9개의 불완전한 도형을 몇 개를 사용했는지 센다. 2. 융통성: 반응의 종류가 어떤 융통성 범주에 속하는지 참조하여 검사 기록지에 적는다. 3. 독창성: 범주에 해당되는지 알아본다.	1. 유창성: 개수가 3개면 3점(1개당 1점), 9개면 9점 2. 융통성: 두 번 나온 것은 지우며, 융통성 범주 각각 1점 3. 독창성: 범주표에 제시된 반응은 0점, 나머지는 1점
검사3 동물 상상하기	1. 유아는 반응을 가장 잘 설명하는 점수를 기록한다. • 다 끝난 다음에는 제시된 5문항에 대해 점수를 더하여 페이지의 맨 아래 총점 칸에 기록한다. • 제시된 동물들의 반응에 대해 그 자리에서 채점을 해야 한다.	1. 주어진 역할을 수행하지 못하고 움직이지 않는 경우에는 0점, 움직이나 부적절한 역할을 수행할 때는 1점 준다. 2. 기본적인 특성이나 동작을 보여줄 때는 2점, 기본적인 특성과 동작 외에 감정 표현을 훌륭하게 할 때는 3점 준다.
검사4 색다른 나무치기	1. 유창성: 나무를 몇 가지로 쓰러뜨리고 시도하였는가 세어본다. 2. 융통성: 융통성 범주 번호를 적고 두 번 나온 것을 지운다. 3. 독창성	1. 유창성: 각 반응당 1점 2. 융통성: 각각 1점 3. 독창성: 범주표를 보고 0점과 1점

검사영역별 기록지는 4가지가 있는데, 빨간색 연상하기는 〈표 2-6〉과 같고, 도형 완성하기는 〈표 2-7〉, 동물 상상하기는 〈표 2-8〉, 색다른 나무치기는 〈표 2-9〉와 같다.

표 2-6 빨간색 연상하기

* 빨간색을 보고 떠오르는 물건이나 느낌 등을 적어 보세요.

1. ________	16. ________
2. ________	17. ________
3. ________	18. ________
4. ________	19. ________
5. ________	20. ________
6. ________	21. ________
7. ________	22. ________
8. ________	23. ________
9. ________	24. ________
10. ________	25. ________
11. ________	26. ________
12. ________	27. ________
13. ________	28. ________
14. ________	29. ________
15. ________	30. ________

표 2-7 도형완성하기

* 어떤 친구가 S를 이용하여 눈사람을 그렸어요. 여러분은 무엇을 그릴 수 있을까요? 단 보기와 다른 모양으로 그려보세요.

S	S	S
1. 제목 ______	2. 제목 ______	3. 제목 ______
S	S	S
4. 제목 ______	5. 제목 ______	6. 제목 ______
S	S	S
7. 제목 ______	8. 제목 ______	9. 제목 ______

표 2-8 동물 상상하기

* 다섯 가지 동물에 대한 영유아의 반응 정도를 보고 점수에 체크해 주세요.

무반응형	부적절한 반응형	기본 (음성이나 동작)	정교한 반응형
0점	1점	2점	3점

동물	상상하기	점수
1. 강아지	강아지가 푸른 들판에서 놀고 있는 모습을 상상해 보세요. 진짜 강아지가 된 것처럼 흉내 내 보세요.	ⓞ ① ② ③
2. 개구리	개구리가 푸른 들판에서 놀고 있는 모습을 상상해 보세요. 진짜 개구리가 된 것처럼 흉내 내 보세요.	ⓞ ① ② ③
3. 원숭이	원숭이가 푸른 들판에서 놀고 있는 모습을 상상해 보세요. 진짜 원숭이가 된 것처럼 흉내 내 보세요.	ⓞ ① ② ③
4. 토끼	토끼가 푸른 들판에서 놀고 있는 모습을 상상해 보세요. 진짜 토끼가 된 것처럼 흉내 내 보세요.	ⓞ ① ② ③
5. 호랑이	호랑이가 푸른 들판에서 놀고 있는 모습을 상상해 보세요. 진짜 호랑이가 된 것처럼 흉내 내 보세요.	ⓞ ① ② ③

표 2-9 색다른 나무치기

* 7분 동안 유아가 나무를 쓰러뜨리는 방법을 관찰하고 〈채점기준표〉에서 해당되는 반응 번호를 찾아 아래칸에 적어주세요.

유아의 반응: 이마에 올려놓고 가서 던진다.	
번호	반응번호
1	13

번호	반응번호	번호	반응번호
1.		16.	
2.		17.	
3.		18.	
4.		19.	
5.		20.	
6.		21.	
7.		22.	
8.		23.	
9.		24.	
10.		25.	
11.		26.	
12.		27.	
13.		28.	
14.		29.	
15.		30.	

4개 영역의 검사가 모두 끝나면 그 점수를 종합검사 기록표에 기록한다. 유아 종합 창의성 검사 기록표는 〈표 2-10〉과 같다.

표 2-10 유아 종합 창의성 검사 기록표

검사명	검사1 빨간색 연상하기		검사2 도형 완성하기			검사3 동물 상상하기		검사4 색다른 나무치기	
번호	범주번호	독창성	번호	범주번호	독창성	번호	상상력	번호	반응번호
1		◎ ①	1	◎	①	1		1	
2		◎ ①	2	◎	①	2		2	
3		◎ ①	3	◎	①	3		3	
4		◎ ①	4	◎	①	4		4	
5		◎ ①	5	◎	①	5		5	
6		◎ ①	6	◎	①			6	
7		◎ ①	7	◎	①			7	
8		◎ ①	8	◎	①			8	
9		◎ ①	9	◎	①			9	
10		◎ ①						10	
11		◎ ①						11	
12		◎ ①						12	
13		◎ ①						13	
14		◎ ①						14	
15		◎ ①						15	
16		◎ ①						16	
17		◎ ①						17	
18		◎ ①						18	
19		◎ ①						19	
20		◎ ①						20	
21		◎ ①						21	
22		◎ ①						22	
23		◎ ①						23	
24		◎ ①						24	
25		◎ ①						25	
26		◎ ①						26	
27		◎ ①						27	
28		◎ ①						28	
29		◎ ①						29	
30		◎ ①						30	

CHAPTER

3

표본기록법

CHAPTER

3 표본기록법

3-1 표본기록법의 정의

표본기록(specimen description)은 지속적인 관찰방법으로 관찰자가 관찰하고자 하는 대상이나 장면 등을 미리 계획하여 그 장면에서 일어나는 영유아 및 주변 대상(교사, 다른 유아, 학부모) 등의 모든 행동과 상황, 언어 및 비언어적 표현을 포함하여 최대한 자세하게 기록하는 방법이다. 즉 관찰자가 아닌 누군가가 기록된 내용을 읽었을 때 그 상황을 한 편의 영화처럼 떠올릴 수 있을 만큼 기술내용이 자세하게 작성되어야 한다는 것이다(Cohen et al., 1997). 그러나 관찰자가 아무리 자세하게 기록한다고 해도 계속해서 움직이는 영유아를 대상으로 관찰하고자 하는 상황들을 하나도 빼놓지 않고 기록하는 것은 불가능한 일이다. 이때 관찰자는 관찰하고자 하는 목적이 무엇인지를 염두에 두고, 관련된 상황이나 사건이 발생하게 된 배경을 상세하게 이야기식으로 기록해 두면 도움이 될 수 있다.

표본기록법은 유아교육 현장에서 관찰할 때 일부분만을 선택하여 관찰하는 것이 아닌 상황 전체를 자세히 기술하기 때문에 유아들을 직접 다루는 교사들에게 유용한 자료를 제공해 줄 수 있다. 특히 지속적인 관찰이 이루어지기 때문에 시간의 흐름에 따라 수집된 관찰 정보의 양이 누적되면서 수집된 정보들을 비교 분석하여 영유아가 변화하는 과정을 검토하고 평가할 수 있다는 점에서 큰 의의를 가진다.

3-2 표본기록법의 특징

표본기록법은 서술 형식의 기록이라는 점에서 일화기록과 비슷하지만 관찰장면을 시간의 순서대로 행동과 장면, 언어(비언적 표현) 등을 더욱 자세하고 완전하게 기록한다는 점에서 관찰대상 유아의 특별한 행동이나 의미 있게 보이는 여러 가지 행동을 선택하여 기록하는 일화기록과 차이가 있다.

표본기록법의 특징은 다음과 같다.

첫째, 유아들의 행동이나 어떤 사건이 일어난 상황을 보지 않은 사람도 그 기록만을 보고도 그 당시 상황을 그대로 재현할 수 있을 정도로 자세하게 기록한다.

둘째, 어떤 행동에 대한 해석이나 평가를 하려는 목적보다는 있는 그대로의 원자료를 가능한 한 많이 수집하는 데 있다. 누적하여 수집된 원자료들은 후에 관찰자 또는 다른 연구자에 의해 재분석을 통해 영유아들의 이해와 프로그램 제공을 위해 유용한 자료를 제공해 준다.

셋째, 표본기록법은 영유아의 행동과 언어를 객관적으로 자세히 기록함으로써 영유아의 발달을 다양한 측면에서 볼 수 있게 한다. 예를 들면, 교사가 영유아의 문제행동을 해결한다거나 교육기관에서의 신학기 적응 기간에 영유아가 등원하는 과정에서 행동기록과 교사의 상호작용 등을 기록해 둠으로써 교사가 학기 초에 새로 맡은 영유아들을 이해하는 데 필요한 기본 자료로 활용할 수 있다.

3-3 표본기록법의 장점과 단점

영유아의 모든 행동을 기록하여 어떤 계획을 수정하고 문제를 해결하기 위한 정보를 수집하는 방법으로서도 유용한 가치를 갖는 표본기록법은 다음과 같은 장점과 단점을 가지고 있다.

1) 표본기록법의 장점

첫째, 모든 장면을 아주 자세하게 기록하므로 영유아에 대한 많은 정보를 얻을 수 있고 이를 토대로 교육과정 계획이나 영유아의 개별적인 교육적 개입 시 기초자료가 된다.

둘째, 관찰을 위한 준비교육이 필요없이 최소한의 필기도구만 있으면 관찰이 가능하다.

셋째, 관찰된 행동과 사건은 일어나는 순서대로 기록작업이 이루어짐으로 사건의 전후 관계를 알 수 있다.

넷째, 교사가 영유아의 문제 행동에 대한 원인을 파악하여 지도하거나 학기초 또는 새로운 환경에 적응하는 영유아를 이해하는데 기본자료로 활용할 수 있다.

2) 표본기록법의 단점

첫째, 기록하고 평가하는데 많은 시간이 걸린다.

둘째, 기록에 있어 관찰자의 편견이 개입될 수 있으며 평가에 있어서도 평가자의 주관적인 해석이나 추론으로 흐를 수 있는 오류를 범할 수 있다.

셋째, 영유아들의 중요한 행동이나 말, 주변상황을 자세히 기록해야 함으로 한번에 적은 숫자(대개는 1명)의 인원만을 관찰할 수 있다. 따라서 일과를 운영하며 영유아를 관찰하는 유아교사에게는 어려움이 따른다.

3-4 표본기록법의 지침

특정 장면이나 상황을 순서대로 자세하고 객관적으로 기록하여야 하는 표본기록법은 다음의 사항을 유의하고 기록하도록 한다.

첫째, 관찰 날짜, 시간, 관찰 영유아, 관찰자의 이름, 관찰 유아의 생년월일, 관찰일 현재 유아의 나이, 관찰 유아의 성별 등을 미리 적어 놓는다.

둘째, 관찰 유아의 행동이 관찰된 장소, 관찰장면을 반드시 적는다.

셋째, 1회의 관찰은 보통 10분 내외가 적당하며 30분을 초과하지 않도록 한다. 모든 행동을 전체적으로 기록한다. 즉, 사건이 일어난 순서대로 행동이 출현된 순서대로 객관적으로 기록한다.

넷째, 관찰대상 유아의 말과 행동을 있는 그대로 일상적인 용어를 사용하여 기록한다. 객관적인 사실만 기록하고 관찰자의 해석이나 주관적인 판단 또는 추론을 포함시키지 않는다. 꼭 필요한 경우에는 관찰기록지의 한 면을 이용하여 활동에 대한 보충설명이나 관찰자의 해석을 별도로 기록해두어 전체적인 상황을 이해하는 데 도움이 되도록 한다.

다섯째, 사건이 일어나고 있는 현장에서 기록하는 것이므로 현재형으로 기록한다.

여섯째, 관찰대상 영유아의 말과 행동뿐만 아니라 그 영유아와 상호작용을 하고 있는 사람들의 말과 행동도 함께 기록하되, 대화의 경우 인용부호(" ")를 이용하여 직접화법으로 그대로 기록한다.

일곱째, 관찰 내용 기록시 10분 동안의 관찰일 경우 매 1분마다, 30분 동안의 관찰기록의 경우 매 5분마다 시간을 기록하거나 영유아들의 행동지속시간이나 관찰장면이 바뀔 때마다 시간을 표시해 둔다.

이것은 영유아가 어떤 활동에 관심을 보이고 주의 집중시간은 어느 정도 되는가를 알아보는 데 유용한 자료가 된다.

여덟째, 관찰양식지 마지막에 발달 영역별로 간단하게 요약하되 관찰대상 영유아들의 행동을 긍정적으로 기술하도록 한다.

3-5 표본기록법의 실제

표본기록법의 관찰양식에서는 관찰대상 영유아의 이름과 성별, 생년월일, 관찰일과 시간, 관찰자의 이름, 관찰장면 등을 기록해야 하며, 관찰장면을 보다 자세히 기록할 수 있도록 시간과 관찰요약과 교육과정 연계 및 교수계획을 기록할 수 있도록 구분해 두어야 한다. 관찰행동이 진행되는 동안 상세하게 기록하며 필요한 경우 촬영이나 녹음 등의 보조도구를 사용할 수 있다.

1) 관찰양식

표 3-1 표본기록법의 관찰양식

<table>
<tr><td rowspan="2">관찰
대상</td><td>이름</td><td></td><td>생년월일</td><td colspan="2"></td></tr>
<tr><td>성별</td><td></td><td>관찰일 현재연령</td><td>년</td><td>개월</td></tr>
<tr><td colspan="2">관찰자</td><td></td><td>관찰일</td><td colspan="2"></td></tr>
<tr><td colspan="2">관찰장면</td><td></td><td>관찰시간</td><td colspan="2"></td></tr>
<tr><th colspan="2">시간</th><th colspan="3">관찰 기록 내용</th><th>추론</th></tr>
<tr><td colspan="2"></td><td colspan="3"></td><td></td></tr>
<tr><td rowspan="3">평
가</td><td>요약</td><td colspan="4"></td></tr>
<tr><td>교육과정연계</td><td colspan="4"></td></tr>
<tr><td>교수계획</td><td colspan="4"></td></tr>
</table>

위의 양식에 따라 관찰한 내용은 기준에 의해 평가해 본다.

표 3-2 표본기록 평가기준

평가 내용	평가			
	○	△	×	비고
① 관찰 날짜 및 시간, 장면, 관찰대상의 주요 정보들이 기록되어 있는가?				
② 사건의 내용이 일어난 순서대로 상세하게 기록되었는가? (10분이면 1분마다, 30분이면 5분마다, 행동변화 시점 등)				
③ 관찰내용 기록 시 영유아가 사용한 언어를 인용부호(“ ”)를 사용하여 직접적으로 표현했는가?				
④ 관찰대상 영유아와 상호작용하는 다른 영유아나 교사의 언어 및 행동도 기록되어 있는가?				
⑤ 주요 발달 영역 및 교육과정 영역에 따른 평가가 잘 기록되어 있는가?				
⑥ 관찰 기록이 객관적이고 사실적이며 관찰자의 추론과 해석이 배제되어 있는가?				

2) 관찰사례

다음은 위의 관찰 양식을 이용하여 유아를 관찰한 예이다.

관찰 대상	이름	김수민	생년월일	2014.04.30.
	성별	여	연령(관찰일 기준)	5년 4개월
관찰자		윤○○	관찰일	2019.9.03.
관찰장면		음률영역에서 악기탐색을 하고 있다.	관찰시간	10:07~10:20

시간	관찰 기록 내용	추론
10:07	과학영역 책상 위에 소라껍질이 다양하게 전시된 것을 본 수민이는 "와~ 이거 바다에서 봤는데. 선생님 이거 누가 가지고 왔어요"하는 수민이의 질문에 "선생님이 주말에 바닷가에 갔다가 주워왔지"하며 교사가 대답한다.	
10:08	수민이는 소라껍질 중에 왼쪽에서 세 번째 껍질을 오른손으로 잡더니 오른쪽 귀에 가져다 대며 고개를 오른쪽으로 45도 정도 기울이고 10초 간 움직임이 없다.	소라껍질의 소리를 듣는 모습을 보임.
10:09	가지고 있던 껍질을 제자리에 내려놓으며 "바다소리가 들리는데요. 선생님도 한번 들어보세요"하며 교사에서 권유한다. 교사는 오른쪽 끝에 있는 소라껍질을 왼손으로 잡고는 왼쪽 귀에 가져다 대고 잠시 멈추더니 "음– 선생님도 파도소리가 들리는 것 같아"하며 소라껍질을 내려 제자리에 내려 놓는다. 수민이는 교사의 행동을 보고 있다가 "맞죠. 바다소리죠."하고는 음률영역으로 이동한다.	
10:11	수민이는 악기가 있는 교구장 앞에 서서 마라카스를 만지고 있다. 왼쪽 귀에 갖다 대고는 손목을 돌려보며 마라카스에서 나는 소리를 듣는다. 다시 좌우로 두 번을 흔들어 보더니 다시 내려 놓는다.	
10:12	마라카스가 담긴 바구니 옆에 코끼리 코 귀로를 양손으로 잡아 왼손과 오른손을 교차로 위아래로 올렸다 내렸다를 반복한다.	
10:13	이준이가 옆으로와 "너 지금 뭐하는 거야"라며 수민이에게 묻자 "잘 들어 봐, 이거 무슨 소리랑 닮았거든"하며 귀로(악기)를 다시 왼손과 오른손을 위아래로 올렸다 내렸다를 반복한다.	
10:14	이준이는 소리를 고개를 갸웃거리며 반복해서 듣고 있다. 수민이는 "잘 들어 봐. 생각이 안 나?"하고 말한다.	

10:15		가만히 소리를 듣고 있던 이준이는 "음- 엄마 구두 소리?"라고 이야기하자 "그래? (옆에 있는 마라카스를 잡고 이준이 귀에 대고는 천천히 돌려보며)	
10:16		이거는 무슨소리 같아?"하고 묻는다. 이준이는 가만히 듣고 있더니(30초 정도) "이거는 비소리 같기도 하고 파도 소리 같기도 하네"하고 대답한다.	
10:17		수민이는 "바다소리?"하더니 "이제 찾았다"라며 가지고 있던 마라카스를 오른쪽 옆에 두고 "이준아 우리 바다놀이 할래?"하며 이준이에게 놀이를 제안한다. "바다놀이? 어떻게 하는 건데"라고 묻자 마라카스를 내려놓고 이준이에게 쌓기 놀이 영역을 가리키며 "저기 가서 하는 건데 나 따라와 봐"하며 이준이의 손을 잡고 함께 쌓기 놀이 영역으로 자리를 옮긴다.	
평가	요약	수민이는 소라껍질을 탐색하고 껍질에서 들리는 소리와 악기소리를 연결짓고 다양하게 표현함. 자신과 다른 이준이의 생각을 인정해줌. 주도적으로 새로운 놀이를 친구에게 제안함.	
	교육과정 연계	예술경험영역: 창의적으로 표현하기-신체, 사물, 악기로 간단한 소리와 리듬을 만들어본다. 자연탐구영역: 탐구과정 즐기기-탐구과정에서 서로 다른 생각에 관심을 가진다. 생활속에서 탐구하기-물체의 특성과 변화를 여러 가지 방법으로 탐색한다. 사회관계영역: 더불어 생활하기-서로 다른 감정, 생각, 행동을 존중한다.	
	교수 계획	다양한 소리 탐색의 기회와 창의적 표현을 할 수 있도록 환경지원 주도적으로 놀이 제안과 서로 다른 의견을 존중하는 태도에 대한 교사의 정서적 지지	

위의 관찰내용을 읽고 다음의 평가기준에 따라 함께 점검해 보도록 하자.

표본기록 평가기준				
평가 내용	평가			
	○	△	×	비고
① 관찰 날짜 및 시간, 장면, 관찰대상의 주요 정보들이 기록되어 있는가?				
② 사건의 내용이 일어난 순서대로 집중적으로 기록되었는가?				
③ 기록할 때 영유아가 사용한 언어를 직접적으로 표현했는가?				
④ 관찰대상 영유아와 상호작용하는 다른 영유아나 교사의 언어 및 행동도 기록되어 있는가?				
⑤ 주요 발달 영역 및 교육과정 영역에 따른 평가가 잘 기록되어 있는가?				
⑥ 관찰 기록이 객관적이고 사실적이며 추론과 해석이 배제되어 있는가?				
⑦ 표본식 기록처럼 관찰행동의 특성이 자세히 설명되어 있는가?				

CHAPTER

4

일화기록법

CHAPTER

4 일화기록법

4-1 일화기록법의 정의

일화기록법(anecdotal record)은 개인의 특성을 이해하기 위하여 중요한 사건이나 핵심이 되는 한 가지 행동에 초점을 맞추어 서술적으로 기록하는 방법이다. 그래서 일화기록은 특정한 시간이나 장소에 구애받지 않고, 특별한 양식이 없어도 관찰자가 의미있다고 생각되는 것이면 그때그때 기록하거나 행동이 일어난 후에도 기록할 수 있기 때문에 유아교육 현장에서 많이 사용하고 있는 방법이다.

또한, 일화기록법은 영유아의 사회·정서적 특성이나 문제 행동과 집단 내에서의 인간관계 등 영유아의 성장과 발달 전반에 대한 연구에 유용하게 사용되고 있다. 그러나 관찰자가 특별한 영역에 관심이 있다면 그 영역에 관한 일화만을 관찰하여 기록할 때에도 사용될 수도 있다.

이처럼 누적된 일화기록들은 영유아의 사고방식이나 세상에 대한 이해를 파악하는 데 유용하게 사용될 수 있다.

4-2 일화기록법의 특징

일화기록법의 특징은 다음과 같다.

첫째, 일화기록은 어떤 사건이나 행동에 대한 사실적이고 객관적인 기록이다. 직접적 관찰을 통해 사건이나 행동에 대해 정확하고 구체적으로 기록한 것이다.

둘째, 일화기록은 직접적 관찰방법 중 가장 쉽고 간단한 기록방법이다. 행동에 대한 특정한 범주나 부호를 가지고 기록하는 것이 아니라 특별한 준비 없이 관찰자가 흥미를 가지는 사건이나 행동에 대해 언제라도 기록할 수 있다.

셋째, 일화기록은 관찰자가 관심을 가지는 특정한 행동이나 영역에 초점을 둔다. 사전에 관찰하고자 하는 행동이나 특성의 범주는 정해 놓는 것이 아니라 관찰하는 시점에 출현하는 행동을 관찰하고 기록하는 방법이다.

넷째, 관찰대상 영유아의 특별하거나 의미 있는 행동뿐만 아니라 전형적인 행동을 기록하며, 그 사건이 기록되어 있어야 하나, 그 사건이 일어난 상황과 다른 영유아의 반응도 함께 기록되어야 한다. 예를 들어, 교육기관 적응 기간에 영유아가 등원하는 과정에서 보이는 표정, 울음소리, 몸짓 등을 기록하고 교사의 상호작용 등을 기록함으로써 영유아의 교육기관 적응을 파악할 수 있다.

4-3 일화기록법의 장점과 단점

1) 일화기록법의 장점

일화기록법의 장점은 다음과 같다.

첫째, 시간이 많이 필요하지 않다.

일화기록은 중요한 행동이나 사건을 내용 중심으로 간결한 형식의 핵심 내용만을 기록하기 때문에 표본식 기술에 비해 짧은 시간이 필요하다.

둘째, 자유롭게 기록할 수 있다.

일화기록은 특별한 사전 준비 없이 진행할 수 있으므로 다른 기록법과 달리 자유롭고 간편하게 기록할 수 있다. 그래서 영유아의 우발적인 행동이나 사건 등을 기록하는 데 유용하며 특별한 양식 없이 간편하게 기록할 수 있어 편리하다.

셋째, 정확하고 분명한 기록을 남길 수 있다.

일화기록은 영유아의 언어나 행동 등에 초점을 맞춤으로써 명확하고 분명한 당시의 상황을 명료하게 기록할 수 있다.

넷째, 관찰의 목적을 선택할 수 있다.

일화기록은 언어발달의 지체 원인 등과 같은 특별한 목적을 위한 기록이나 연구 대상의 상세한 자료 등에 활용할 수 있다.

다섯째, 관찰 영유아의 행동을 이해하고 지도하는 중요한 자료가 된다.

영유아의 일화기록은 영유아의 행동 패턴이나 발달 정도를 파악하고, 영유아의 특정한 행동을 밝히는 자료가 될 수 있다. 또한, 영유아의 특정 행동에 대한 이해와 피드백으로 아동을 도울 수 있다.

여섯째, 관찰 대상 영유아에 대한 기록을 통해 영유아의 발달 상황을 확인할 수 있다.

일화기록은 영유아의 행동과 반응의 일반적 특성뿐만 아니라 특정 발달 영역의 내용에 초점을 두어 기록할 수 있다. 즉, 영유아의 식습관과 건강, 새로운 기술의 습득과 의미 있는 사건 그리고 영유아의 행동 변화 등에 대한 기록을 통해 관찰 영유아의 발달 상황을 전반적으로 확인할 수 있다.

2) 일화기록법의 단점

일화기록법의 단점은 다음과 같다.

첫째, 관찰자의 편견이 작용할 수 있다.

일화기록은 관찰자의 특정 의도에 의해 관찰과 기록이 이루어지기 때문에 대상 영유아의 행동과 상황에 대하여 관찰자의 주관적인 견해가 작용할 수 있다.

둘째, 시간이 지나면 왜곡될 수 있다.

일화기록은 대상 영유아의 행동과 상황을 관찰한 후 기록하게 되는 것이 일반적이다. 발생한 사건을 관찰 후 육하원칙에 따라 간략히 메모한다. 이후 시간이 지난 후에 발생한 사건을 일화기록의 일반적 원칙에 따라 기록하게 된다. 이때 발생한 사건에 대한 자세한 상황 등을 잊어버리거나 교사 개인의 견해가 작용할 수도 있어 정확한 기록이 어려울 수 있다.

셋째, 해석 시 오류를 범할 수 있다.

일화기록은 관찰 대상 영유아의 특정한 행동을 중심으로 관찰하고, 기록한다. 그렇기 때문에 특정 행동에 대한 평가는 해석의 오류를 범할 수 있다. 특히, 바람직하지 못한 일부 행동을 관찰대상 영유아의 일반적인 모습으로 판단하여 잘못된 편견을 가져올 수 있다.

넷째, 관찰자가 부담을 가질 수 있다.

일화기록은 관찰자가 관찰 대상 영유아의 다양한 행동과 표현 중 특정한 행동에 대하여 기록하는 것으로 객관적이고, 명료한 기록이 요구된다. 이러한 객관적이고, 명료한 기록에 대한 요구는 관찰자에게 큰 부담으로 작용할 수 있다.

다섯째, 표본식 기술에 비해 상황 묘사가 적어 맥락을 파악하는 데 어려움이 있다.

일화기록은 관찰 대상 영유아의 상황을 중심으로 간략하고, 분명하게 기술해야 하는데, 특정 상황의 행동만을 기술한다면 사건이 발생하게 된 원인과 이유 등을 파악하는 데 어려움이 있다.

여섯째, 관찰 대상의 수가 제한적이다.

일화기록은 관찰 영유아의 특정 행동 등을 관찰하여 기술하기 때문에 기본적으로 소수의 영유아를 관찰한 후 기록하는 것이 일반적이다. 그래서 다수 중심의 관찰을 할 수 없고, 소수나 한두 명을 중심으로 한 관찰이라는 관찰 대상의 제한이 있다.

4-4 일화기록법의 지침

일화기록에서 일반적인 관찰지침은 다음과 같다.

첫째, 사건이나 행동이 발생한 후 즉시 기록한다.

일화기록은 관찰자는 항상 필기도구와 메모지를 준비하여, 관찰 대상 영유아의 특정 행동을 관찰 후 즉시 기록한다. 일반적 일화기록이 현실적으로 어려울 때 영유아의 특정 행동을 핵심어 중심으로 기록 후 추후에 객관적이고, 분명하게 육하원칙(언제, 어디서, 누가, 무엇을, 어떻게, 왜)에 맞게 기록한다.

둘째, 관찰대상의 말과 행동을 기록한다.

일화기록은 관찰 대상인 유아의 말과 행동을 분류한 후 구체적이고, 간단명료하게 기록한다.

셋째, 관찰대상의 말은 대화체로 기록한다.

일화기록은 관찰대상이 사용한 말은 인용부호(" ")를 사용해서 대화체 형식으로 인용한다. 대상 아동의 발화 의미를 정확하게 분석하기 위해 대상 아동이 표현한 말과 행동을 분명하게 기록한다.

넷째, 관찰대상의 말과 행동만이 아니라 다른 영유아들의 반응도 기록한다.

일화기록은 관찰대상 영유아와 유사한 상황이나 행동을 표현하는 비관찰대상 영유아들의 표현이나 응답, 반응 등도 관찰대상 영유아의 기록처럼 객관적이고, 분명하게 기록한다.

다섯째, 상황적인 자료를 반드시 기록에 포함한다.

일화기록은 관찰날짜, 시간, 장소, 진행 중인 활동, 관찰대상의 이름, 연령, 관찰자 등을 기록하여 행동이나 사건의 배경을 확인할 수 있다.

여섯째, 일관성 있게 기록한다.

일화기록은 관찰대상 영유아의 행동을 기록할 때 동일한 용어로 일관성 있게 기록한다. 예를 들어 관찰대상 영유아가 놀이를 하지 않는 상황을 기록할 때 '무표정하게 있었다거나, 가만히 있었다거나, 말없이 있었다' 등 다양한 표현을 할 수 있지만 한 가지로 통일하여 일관되게 기록한다.

일곱째, 발생 순서대로 기록한다.

일화기록은 일어난 순서를 중심으로 기록하고, 계속적으로 그 기록이 보존될 때 진단적인 의미를 가지게 된다. 또한, 동일한 관찰대상 영유아에 대한 장기적이고, 누적된 관찰기록은 대상 영유아의 행동에 대한 정확한 이해를 위한 중요한 기록이 된다.

여덟째, 객관적이고 사실적으로 기록한다.

관찰자의 주관적인 편견이 들어가지 않도록 관찰대상 영유아의 행동에 대해 객관적이고 사실적으로 기록한다. 사실적인 기록을 위해 관찰대상 영유아의 활동 결과물이나 사진 등 기타 참고 자료 등을 활용할 수 있다. 관찰자의 주관적인 편견이 개입되면 관찰결과는 영유아의 일화기록이 아닌 연구자 또는 상담자의 감상문으로 변질될 가능성이 있으므로 주의해야 한다.

아홉째, 관찰자의 해석이나 평가는 명확하게 구분하여 기록한다.

일화기록은 사건이나 행동에 대한 사실적 기록에 의의가 있으므로, 실제 발생한 내용의 기록과 관찰자의 의견이나 해석을 구별하여 기록해 혼동을 주지 않도록 한다. 사건과 해석이 혼합되어 있다면 관찰내용에 대한 객관성을 잃을 뿐만 아니라 분석이나 진단이 곤란하고 사람에 따라 다르게 해석할 가능성이 있기 때문이다. 종합적 해석은 따로 양식을 만들어 여러 번의 기록을 종합하여 기록할 수 있다.

열째, 관찰자에 대한 장기적인 기록이 되어야 한다.

관찰 대상 영유아에 대한 장기간에 걸친 누적적 기록은 관찰 대상 영유아의 발달과 변화의 증거로써 확실한 가치가 있다.

4-5 일화기록법의 실제

1) 일화기록법의 예

표 4-1 일화기록 양식의 예1

관찰대상: 관찰자: 관찰장면:	생년월일: 관찰일:	성별: 관찰시간:
기록		
발달영역:		
요약:		

출처: 전남련 외(2016). 아동관찰 및 행동연구(제2판). 경기: 양서원.

표 4-2 일화기록 양식의 예2

일화기록 양식

관찰대상: 생년월일: 성별:
관찰자: 관찰일: 년 월 일 관찰시간:
관찰장면:

일화기록법 양식
발달영역:
요약:

출처: 김지은(2008). 아동관찰 및 행동연구. 경기: 학현사 재구성.

표 4-3 일화기록 양식의 예3

일화기록			
관찰대상		연령(성별)	
관찰일		관찰자	
관찰장면		관찰초점	
관찰 기록			
해석 및 지도방안			

표 4-4 일화기록 양식 작성의 예1

일화기록법 양식			
관찰대상	박하늘	관찰일	20××년 6월 22일
성별	남	관찰시간	10:30~11:00
관찰자	이○○	관찰장면	나무그리기와 의사소통

아뜰리에에서 한영이 나무를 그린다. 잠시 뒤 하늘이가 여러 가지 쓰기 도구 중 검정색 사인펜을 들고 와서 나무에 관해서 이야기한다.

하늘: 나는 엉망 진창 무시무시 가시. 눈이 달린 무시무시가시 나무. 나무 줄기에도 가시가 나와 있거든

연서: 너는 무슨 나무를 그리고 있어?

한영: 나는 이쁘게 그릴거야. 아름다운 나무 (분홍색 색연필로 점을 찍는다.)

윤서: 나도 예쁘게 그릴거야.

하늘: 무시 무시 가시나무는 막 그려도 돼.
(스케치북에 사인펜으로 가시가 있는 나무를 그린다.)
무시 무시 가시나무는 종류가 있거든.
윤서: (해문이를 보면서) 종류가 뭔데?
하늘: (가시를 그리다가 윤서를 보면서)
종류는... 종류 있잖아. 동물도 종류가 있잖아.
윤서: (그리는 것을 멈추고 해문이를 보면서) 애기 낳는 종류?
하늘: 애기도 종류가 있듯이.. 무시무시 가시나무 종류 나무
한영: 근데 어떻게 가시가 나와?
하늘: 여기 나무 가지에서 가시가 나와. 무시 무시 가시나무에는 줄기에도 가시가 있어. 소용돌이 무시무시 가시 나무
윤서: 나는 공주 나무...
(한영이와 윤서는 예쁜 나무를 그리고, 하늘이는 가시가 돋아 있는 나무를 그린다. 나무 그림의 제목을 이야기하면서 서로의 그림을 본다.)

• 하늘이는 한영이와 윤서에게 자신이 상상한 나무를 자유롭게 말하면서 자신이 생각하는 상상의 나무를 창의적으로 표현하는 과정을 즐긴다.

표 4-5 일화기록 양식 작성의 예2

일화기록법 양식			
관찰대상	보근, 윤후, 승환	관찰일	20××년 3월 16일
성별	남	관찰시간	9시 30분~10시 00분
관찰자	이○○	관찰장면	책보기

아침 독서 시간. 먼저 등원한 보근이가 책을 읽고 있다. 책을 읽고 있는 보근이를 발견한 승환이는 준영이에 대해 묻는다.

승환: 보근아! 오늘 준영이는... 오늘 안 오나?(보근이의 얼굴과 교실 문을 번갈아 본다.)
보근: 어! 아침에 버스 타러 안 왔다.
승환: 왜? 늦잠 잤나?
보근: .... (말없이 승환이 얼굴만 본다.)
잠시 후 신입 원아인 윤후가 책을 들고 왔다 갔다 하면서 보근이와 승환이 주변을 맴돈다. 보근이와 윤후 눈이 마주친다. 보근이가 웃으며 윤후를 보자 윤후는 옆에 앉는다. 보근이는 윤후가 가지고 온 책을 읽는다. 함께 책을 읽으면서 서로 이야기를 나눈다.
윤후: 야! 이것 봐.
보근: 밀가루?
윤후: 밀가루 맞아.
윤후: (책속의 사진과 내용을 손가락으로 짚으면서) 버섯! 이거 딸기 버섯
보근: 으이그 딸기 버섯
윤후: (손바닥을 펴서 손부채질을 하면서) 아이그 덥다. 진짜
보근: 하하하하하하 (웃는다.)
보근이와 윤후는 책을 다 보고 특별한 대화가 오가지는 않았지만 버섯책을 함께 본다. 그러면서 이야기를 나눈 윤후와 보근이는 서로 눈을 마주치면서 함께 카페트에 앉는다.

- 보근이는 적응이 어려운 윤후를 교육기관에 적응할 수 있도록 돕는다.
- 보근이는 타인과의 관계에서 양보하고 배려하는 태도가 있다.

표 4-6 일화기록 양식 작성의 예3

일화기록 양식

관찰대상: 박바다 생년월일: 00년 00월 00일 성별: 여

관찰자: 이○○ 관찰일: 20 년 4월 15일 관찰시간: 오전 11시 00분~11시 35분

관찰장면: 오전 자유놀이 시간의 역할영역

일화기록법 양식
자유놀이 시간에 바다는 역할놀이 영역으로 간다. 먼저 와서 놀이하고 있는 친구에게 엘사 놀이를 하자고 한다. 바다는 소라에게 "난 엘사! 너는? 뭐할래?" 한다. 그러자 옆에 있던 소라는 "나는 안나할래." 하고 말한다. 소라 옆에 있는 보라가 "그럼 나는 뭐해?" 하자 바다는 "그럼 너 라푼젤해." 한다. 소라는 "선생님한테 노래 틀어 달라하자."하고 교사에게 엘사 노래를 틀어달라고 한다. 기다리던 소라는 드레스를 입는다. 그리고는 머리를 옆으로 내리면서 "머리를 이렇게 해야지." 한다. 보라는 "그러면 나는 저기 가 있을까?" 하며 블록 영역에서 기다린다. 엘사 노래가 들리자 바다와 소라가 교실 끝에서 끝으로 달려갔다 제자리에 오면서 노래를 함께 부른다. 바다와 소라가 노래를 부르면서 엘사와 안나처럼 노래를 부르자. 보라는 줄을 머리에서 내리면서 "나 머리 내릴게." 한다. 엘사와 안나가 라푼젤의 머리줄을 잡으면서 노래를 함께 한다. 노래가 끝나자 바다는 다시 교사에게 엘사 노래 중 다른 노래를 틀어달라고 이야기한다.
발달영역: 사회성 · 정서 발달
요약: 바다는 역할 영역에서 사회적 놀이인 집단놀이를 한다. 다른 유아들에게 역할을 정해 주며 친구들의 놀이에 있어서 주도적인 역할을 한다.

표 4-7 일화기록 양식 작성의 예4

일화기록			
관찰대상	이준우, 박대완	연령	만4세
날짜	2020년 4월 10일	관찰자	이○○
관찰장면	OHP에서의 자유탐색놀이	관찰초점	빛놀이(자유탐색)
관찰 기록	준우가 OHP를 이리저리 살려보다가 OHP옆에 구슬을 올린다. 올려진 구슬이 맞은편 벽에 상이 맺히자 '이거 이거' 한다. 다시 병뚜껑을 올려보더니 '다 검정색이다.'하며 여러 종류의 병뚜껑을 OHP 위에 올려 놓으며 벽에 다양한 상을 맺히게 하려고 시도한다. 대완이가 다가와 '내도 한번 해 보까?' 하자하며 OHP의 헤드 부분을 살펴본다. 고개를 아래로 했다가 다시 벽면의 상을 보며 확인한다. '준우야 뒤를 봐! 뒤!' 다시 OHP위에 조심스럽게 구슬을 올린다. 준우가 악기장의 개구리를 가지고 와서는 '내가 이야기 들려 줄께'하자 대완이는 OHP맞은 편으로 가서 의자에 앉는다. '이 이야기는 놀리는 개구리와 춤추는 실로폰' 준우가 제목을 이야기하며 실로폰을 OHP에 올려 놓는다. '실포폰이 춤을 추고 있습니다. 그런데 개구리는 아름답게 연주하고 있는 실포폰을 놀렸습니다. 그러자 춤추는 실로폰은 개구리를 먹었습니다. 개구리가 갑자기 이상해 졌습니다. 악 먹어 버렸습니다. 동화 끝!' 하고 이야기하자 대완이 다음에는 우르르릉 쾅쾅 악기도 가지고 와서 함께 이야기를 만들자고 제안한다.  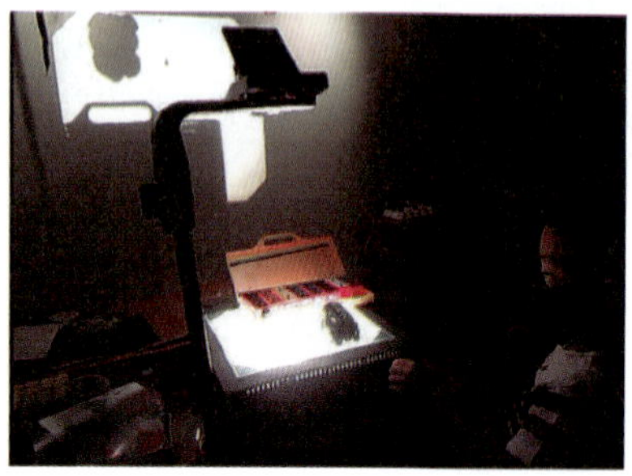		
해석 및 지도방안	• 준우는 이야기 만들기를 잘한다. • 준우는 생소한 OHP를 자유 탐색하며 빈 벽에 빛을 투과하며 즐겁게 참여한다.		

CHAPTER

5

행동목록법

CHAPTER

5 행동목록법

5-1 행동목록법의 정의

행동목록법은 관찰하고자 하는 특정 행동에 대한 목록을 사전에 작성하고, 목록의 행동이 출현하는지 혹은 수준에 도달했는지를 기록하는 방법이다. 행동목록법은 관찰하는 시점에 특정 행동이 나타나면 '예', 나타나지 않으면 '아니오'에 체크(check)하는 방법으로, 기록하는 양식을 행동목록 혹은 행동목록표(Behavior checklist)라고 한다. 영유아의 영역별 발달 수준을 파악하거나 특정 행동이나 기술이 나타나는지를 알아보고자 할 때 사용하는 방법이다. 가능하면 행동이나 사건이 발생했을 때 관찰하면서 기록하는 것이 바람직하다. 하지만 관찰자가 행동의 발생을 추적하면서 기억한 것을 기록하기도 한다.

행동목록법은 행동목록에 해당되는 행동의 출현유무만을 기록하므로 행동의 빈도나 강도 혹은 지속시간 등과 같은 자세한 정보를 기대할 수 없다. 하지만, 관찰시간이 절약되며 기록방식이 간단하여 쉽게 관찰기록할 수 있으므로 영유아의 평가 및 교육과정 개발 등에 다양하게 적용할 수 있다.

5-2 행동목록법의 특징

행동목록법의 특징은 다음과 같다.

첫째, 행동목록법은 서술식 관찰기록법과는 다르게 구조화된 작업이 사전에 필요하다. 관찰을 시작하기 전에 특정 영역에서 나타날 수 있는 행동목록을 만들어야 하는데 목록을 구성할 때는 다음과 같은 사항을 염두에 두어야 한다. 행동목록은 행동의 범주를 명확하게 설명해야 하며, 대상 연령의 특정 영역에서 나타나는 발달의 특징을 포함하여 구체적인 행동을 설명할 수 있는 문항으로 구성해야 한다. 문항은 관찰자 외에도 관찰을 기록하는 누구나 읽고 해석할 수 있도록 간결하고 정확하게 기술해야 한다. 또한, 문항을 행동목록표로 구성할 때는 영유아 발달의 수준과 내용에 따라 일정한 체계를 가지고 순서에 따라 정리해야 한다.

둘째, 행동목록법은 특정 행동이나 기술이 어느 한 시점에서 나타나는지를 관찰하고자 할 때 사용한다. 영유아의 특정 행동이 나타나는지 출현유무를 기록함으로써 현재의 상태를 기록할 수 있기 때문이다. 행동목록법은 특정 행동이 얼마나 어떻게 나타나는지에 대한 정보보다는 행동의 출현유무를 부호로 기록할 수 있다. 행동목록의 기록방법은 관찰하고자 하는 목적에 적합하다면 기록에 신속함을 높일 수 있으므로 효율적인 관찰을 실시할 수 있다.

셋째, 행동목록법은 시간에 따른 특정 행동의 변화를 살펴보고자 할 때 사용한다. 관찰의 목적에 따라 영유아의 현재 상태를 관찰하고 기록할 수도 있으며 추후 어느 시기에 다시 관찰함으로써 행동의 변화를 살펴보는 것이 가능하다. 예를 들면, 아동의 운동능력 발달 수준을 알아보기 위해 행동목록을 작성하여 학기가 시작되는 시점에 관찰을 하고, 일정 기간 이후 다시 기록함으로써 발달의 변화가 나타났는지를 알아볼 수 있다. 즉, 정기적으로 교사가 사용하게 된다면 특정 영역의 발달에 따른 변화를 파악하는 데 도움이 된다. 행동목록법은 한 번 혹은 한 번 이상의 관찰로 정보를 수집할 수 있게 되며, 이때 관찰 횟수는 관찰의 목적에 따라 달라질 수 있다.

5-3 행동목록법의 장점과 단점

1) 행동목록법의 장점

행동목록법의 장점은 다음과 같다.

첫째, 정보를 수집하는 데 효율적이다. 행동목록법은 관찰 목적에 맞춰 수집하고자 하는 특정 행동이나 기술의 출현유무만 평가하므로 정보수집이 효율적이다. 관찰자는 관찰을 시작하기 전 행동목록표를 구성하면서 수집하고자 하는 정보를 확정한다. 체계적으로 구성된 행동목록표는 관찰하고자 하는 행동을 구체화함으로써 목록 이외의 불필요한 정보를 배제하고 필요한 정보를 판단하는 데 도움이 된다.

둘째, 정보를 기록하기에 편리하다. 관찰자는 구성된 행동목록표에 관찰한 정보를 간단하게 체크(✔)로 표시하면 되므로 기록하는 시간과 노력을 절약할 수 있다. 행동목록표가 구성되어 있다면 목록에 맞춰 평가하면 되므로 기록하기에 간편하여, 횟수를 늘리거나 재관찰이 필요할 때 언제든 재기록할 수 있다. 관찰하고 간단하게 기록하는 방식은 소요되는 시간을 절약할 수 있어 편리하게 사용할 수 있다.

셋째, 행동목록법은 비교적 사용하기가 쉽다. 행동목록법은 누구나 별다른 훈련이나 교육을 받지 않아도 간단한 방법으로 기록할 수 있다. 서술식기록법에서와 같이 객관적인 관찰기록을 위한 연습과정이나 시간표집법의 범주화과정과 부호화 체계에 관한 사전 훈련 없이 사용하는 것이 가능하다.

넷째, 다양한 영역에 적용하여 관찰할 수 있다. 관찰자는 관찰 영유아의 특정 행동이나 기술뿐만 아니라, 행동의 순서, 행동의 패턴 등 관찰하고자 하는 목적에 따라 다양한 관찰이 가능하다. 또한 시간표집법, 사건표집법과 같은 다른 관찰법과 함께 적용하여 관찰기록을 보완할 수 있다.

다섯째, 반복관찰하므로 변화를 관찰하는 것이 가능하다. 행동목록법은 시간의 차를 두고 누적적으로 사용함으로써 대상 영유아의 단계적 발달 변화과정을 관찰하는 것이 가능하다. 행동목록의 변화 없이 사용할 경우, 변화된 행동만을 첨가하여 목록을 완성하면 되므로 영유아 교육현장에서 유용하게 사용된다.

여섯째, 쉽게 수량화할 수 있다. 다른 약호식 기록법과 같이 행동목록법은 행동의 출현유무를 표시함으로써 통계적인 분석이 가능하다. 행동목록법을 통계적으로 분석하면 범주별로 행동목록의 시간에 따른 변화, 많은 수의 영유아 행동 분석 등을 수치화하여 분석하는 것이 가능하다.

2) 행동목록법의 단점

행동목록법의 단점은 다음과 같다.

첫째, 행동의 질적인 정보를 얻기가 어렵다. 행동목록에는 관찰하고자 하는 특정 행동의 여부만을 평가하므로 행동을 관찰하면서 발생되는 상황적 정보를 제공하지 못한다. 행동목록만으로 영유아의 행동 혹은 발달의 상태를 판단하고자 하는 경우, 행동목록에 제시되어 있지 않은 주변 상황, 선행사건, 빈도 등에 대해 알지 못한다. 단점을 보완하기 위해서는 다른 관찰법과 함께 사용하거나 문항평가 외에 서술평가란을 추가하여 관찰자의 행동목록을 종합한 평가를 기술하여 기록하도록 한다.

둘째, 행동목록표를 작성하기 위해서는 시간과 노력이 많이 든다. 행동목록법은 기록하기에는 편리하지만, 관찰을 실시하기 이전에 목적한 바를 실행할 수 있도록 행동목록표를 개발해야 한다. 행동목록표는 행동단위를 조직적으로 구성해야 하며, 문항은 상호배타적으로 구체적 행동을 기술해야 하므로 행동목록표 작성 시 많은 시간과 노력이 필요하다.

셋째, 관찰자의 편견이 작용할 수 있다. 동일한 영유아를 관찰하더라도 행동목록이 명료하지 못하면 관찰자마다 다른 결과를 기록할 수 있다. 관찰자 간의 이해도를 높일 수 있도록 문항은 관찰할 행동을 가능한 한 명확한 문장으로 기술한다. 또한, 여러 관찰자가 관찰에 참여할 때에는 동일 목록에 대해 평정하는 과정이 필요하다.

5-4 행동목록법의 지침

행동목록법은 관찰의 목적에 따라 구체적이고 명확한 행동목록을 구성하고 난 이후 객관적인 관찰에 의해 작성되어야 한다. 행동목록법을 위한 일반적인 관찰 지침은 다음과 같다.

첫째, 행동목록은 구체적인 행동을 설명하는 문항으로 기술해야 한다.

행동목록법은 '예', '아니오'로 기록하므로 관찰하고자 하는 행동의 출현유무를 묻는 질문에 단정적으로 답할 수 있어야 한다. 가시적으로 나타날 수 있는 상황에 대한 행동목록을 기록하기에 적합하다. 예를 들어 '스스로 청결을 유지할 수 있나요?'에 대한 질문보다 '화장실을 사용한 후 손을 씻을 수 있다', '식사 후 양치질을 할 수 있다', '개인사물함의 쓰레기를 정리할 수 있다' 등의 구체적인 행동을 나타내는 문항으로 상세히 기술해야 한다.

둘째, 관찰기록 양식은 관찰의 목적에 맞게 구성해야 한다.

행동목록은 특정한 시기에 특정 행동이나 기술의 현재 상태를 알아보기 위해서인지, 특정 시점에서 일정 기간까지의 변화를 살펴보고자 하는 것인지에 따라 행동목록의 양식이 다르다. 2회 이상의 기록을 하고자 한다면 기록횟수의 칸을 추가하여 구성해야 한다.

셋째, 행동목록의 문항은 서로 중복되지 않아야 한다.

문항은 관찰할 대상의 행동을 전부 포함하되 문항의 내용이 중복되는지 않는지 확인해야 한다. 예를 들어, '바르게 먹기'와 '골고루 먹기'가 있다면 골고루 먹는 것은 바르게 먹는 것에 포함되므로 중복되는 '바르게 먹기' 대신 '골고루 먹기'와 '스스로 먹기' 등의 내용으로 구성해야 한다.

넷째, 관찰자가 행동을 관찰한 결과를 쉽게 기록할 수 있도록 목록의 순서나 위치를 논리적으로 배치해야 한다. 예를 들어, 유아의 언어 능력발달에 대한 관찰기록에서 듣기, 말하기, 읽기, 쓰기의 영역들을 섞어서 배열하기보다는 문장을 듣고 이해하는지, 이야기를 듣고 이해하는지, 바르게 듣는지 등과 같이 듣기능력, 문장으로 말하는지, 느낌과 경험을 말하는지, 바른 태도로 말하는지 등의 말하기 능력 등으로 기록하기 편리하게 관련된 항목들을 함께 배치해야 한다.

다섯째, 행동목록의 지침은 명료해야 한다.

행동목록 결과물의 질은 관찰자가 얼마나 정확하게 항목을 평가하느냐에 달려 있으므로 행동목록에서 사용되는 용어나 지침은 모호하지 않고 분명해야 한다. 목록을 구성한 연구자를 포함한 모든 관찰자가 같은 의미로 해석할 수 있도록 명료하게 작성되어야 한다.

여섯째, 행동목록의 문항은 관찰하고자 하는 하나의 행동만을 설명해야 한다.

한 문항에 두 가지 행동의 내용이 포함되어 있고 이 중 한 가지 행동만이 관찰되었을 경우 평가하기가 어렵다. '이동운동, 도구를 이용한 운동을 할 수 있다'의 경우 이동운동 능력은 발달하였지만, 도구를 이용한 운동 능력은 발달하지 않았을 경우 '예'로 기록할 것인지 '아니오'로 기록할 것인지 모호하기 때문이다.

표 5-1 행동목록법 양식의 예

영아기 몸짓 표현 능력

관찰대상: 생년월일: (남, 여)
관 찰 자: 관찰일자:

다음의 몸짓이 관찰되면 예, 관찰되지 않으면 아니오에 ✔표 하시오.

몸짓	예	아니오
• 젖을 빨지 않고 입 밖으로 흐르도록 하기		
• 혀로 젖꼭지를 밀어내기		
• 입을 삐죽이 내밀기		
• 물건을 향해서 손 내밀기		
• 사람을 향해서 손 내밀기		
• 입술 빨기		
• 혀 내밀기		
• 미소 짓기		
• 팔 내뻗기		
• 재채기		
• 손가락으로 가리키기		

출처: Hurlock. (1978).

5-5 행동목록법의 실제

행동목록법의 사례로 영유아교육기관에서 영유아를 대상으로 기록한 예시와 관찰기록을 연습할 수 있는 실습편이다. 영유아의 공감능력, 사회적 행동, 언어능력을 행동목록법의 예시로 살펴보고, 영유아의 말하기 능력을 행동목록법으로 〈표 5-5〉에 관찰하고 기록해 보자.

1) 행동목록법의 예

행동목록법의 양식을 활용하여 영유아의 공감능력과 사회적 행동을 관찰하고 기록한 예시이다.

표 5-2 공감능력

관찰대상: ○○○　　　　생년월일: 2013년 6월 2일　　　　(남, ㉾)
관 찰 자: ○○○　　　　관찰날짜: 2019년 9월 21일

(다음에서 설명하는 공감능력 문항을 읽고 관찰되면 '예', 관찰되지 않으면 '아니오'에 ✔표시를 하시오.)

	내용	예	아니오
공감능력	• 친구들을 도와주고 돌보는 것을 좋아한다.	✔	
	• 다른 사람들이 화를 낼 경우, 왜 화를 내는지 이해하지 못한다.		✔
	• 그림책 속 주인공의 슬픈 이야기에 마음 아파하지 않는다.		✔
	• 다른 사람들의 유머나 농담을 재빨리 알아차린다.	✔	
	• 벌레를 자르거나 곤충의 다리를 떼어내는 것을 좋아한다.	✔	
	• 자기가 갖고 싶은 물건이 있으면 빼앗아서라도 가지려 한다.	✔	
	• 친구를 사귀는 데 어려움이 있다.		✔
	• 놀이 시 스스로 차례를 지키고 장난감을 친구와 함께 가지고 논다.	✔	
	• 다른 사람을 화나게 하는 말을 한다.	✔	
	• 예의 없는 행동인 줄 모르고 무례하게 행동한다.	✔	
	• 다른 아이나 또래를 괴롭힌다.		✔
	• 새로운 활동이나 놀이를 이해하고 나면 다른 친구에게 간단하게 알려 줄 수 있다.		✔
	• 친구가 여러 명 있으며 특별히 친한 친구가 한두 명 있다.		✔
	• 상대방의 말을 이해하고 경청한다.		✔
	• 다른 사람이 마음 아파하면 같이 걱정한다.		✔
	• 자신에게만 집중하여 다른 사람이 지루해하는 것을 모른다.	✔	
	• 자신의 실수나 잘못에 대해 남의 탓을 한다.		✔

	• 동물의 고통을 보면 마음 아파한다.		✔
	• 다른 친구가 놀이에 참여하고 싶다는 것을 쉽게 알아차린다.		✔
	• 자신을 원하는 것을 얻기 위해 협상을 잘 한다.	✔	
	• 놀이에 참여하지 못하는 친구의 기분에 대해 걱정한다.		✔
	• 다른 사람이 울거나 아파하면 같이 마음 아파한다.	✔	
	• 기관에 새로운 친구가 교실에서 적응할 수 있도록 돕는다.		✔

평 가

○○이는 상대방의 마음을 잘 이해하고 친구들과의 관계에서 공감적인 반응을 나타냄. 하지만 자신 이외의 사람 혹은 동물의 고통을 공감하는 인지적 공감 능력이 높지 않음. 또한, 다른 사람을 화나게 하거나 무례한 행동을 하는 것으로 보아 사회적 반응이 적게 나타남.
○○이가 다른 사람의 감정도 헤아려야 하는 이유에 대해 이야기 나누고 이해하기 위한 간접적, 직접적 경험을 하고 지속해서 상호작용하며 지도할 필요가 있음.
다른 사람을 화나게 하는 행동이나 무례한 말을 했을 때 상대방의 기분이 어떠한지에 대해 이야기 나누고, 상대방의 감정을 공감하며 적절하게 행동을 하도록 격려해 주어야 함.

출처: 고희갑(2014). 아동용 공감 척도(EQ-C)의 유아적응을 위한 타당화 예비 연구. 숙명여자대학교 원격대학원 석사학위논문.

표 5-3 사회적 행동

관찰대상: ○○○ 생년월일: 2014년 5월 8일 (남, ㉮)

관 찰 자: ○○○ 관찰날짜: 2019년 6월 27일

(다음에서 설명하는 사회적 행동 문항을 읽고 관찰되면 '예', 관찰되지 않으면 '아니오'에 ✔표시를 하시오.)

사회적 행동	내용	예	아니오
사교성	재미있는 이야기로 분위기를 즐겁게 만든다.	✔	
	친구를 쉽게 사귄다.	✔	
	친구에게 다가가서 대화를 시도한다.	✔	
	리더도 하지만 친구의 뜻을 따르는 역할도 함께 한다.		✔
	친구가 놀이에 참여하도록 이끈다.	✔	
	놀이 선정 시 중요한 영향을 미친다.	✔	
	친구가 먼저 지나가도록 양보한다.		✔
	자신의 생각을 상대방에게 정확하게 전달한다.	✔	
	놀이행동이 적극적이다.	✔	
협력	친구가 먼저 지나가도록 양보한다.		✔
	자신의 잘못을 인정한다.	✔	
	어려움에 처한 친구를 도와준다.		✔
	고마운 행동에 대해 감사의 마음을 표현한다.	✔	
	놀이 중에 같이 놀자는 친구의 제안을 받아들인다.	✔	
	친구의 흥미에도 관심을 보인다.	✔	
	친구의 슬픈 감정을 위로한다.	✔	
	친구에게 친절하게 대한다.	✔	
	친구의 마음을 상하게 한 경우, 미안함을 표현한다.	✔	
	필요할 때 친구의 허락을 구한다.		✔
	친구의 생각을 인정해 준다.		✔

평 가
○○이는 또래와 상호작용하는 사회적 행동 중 긍정적 요인인 사교성과 협력이 대체로 잘 형성되어 있음. 또래들과의 놀이에서 집단을 적극적으로 이끌어 놀이하고, 자신의 의견을 정확히 표현할 수 있음. 하지만 ○○이는 함께 놀이하는 또래에게 배려하는 방법을 생활 속에서 익혀야 함. 다른 사람을 배려하고, 개인보다 자신이 포함된 또래 집단과 서로 돕고 나눌 수 있도록 적절히 격려하고 지도해야 함.

출처: 강현경(2009). 재구성. 유아 사회적 행동 척도 개발 및 타당화. 중앙대학교 대학원 박사학위논문.

행동목록법을 활용하여 영유아의 언어능력의 변화를 누적적으로 관찰한 예시이다.

표 5-4 언어능력

관찰대상: ○○○ 생년월일: 2014년 3월 8일 (남, ㊐)

관 찰 자: ○○○ 관찰기간: 2019년 3월 21일 ~ 2019년 12월 22일

(다음에서 설명하는 언어능력 문항을 읽고 관찰되면 ○, 관찰되지 않으면 ×를 하시오.)

	내용	1회	2회
		4월6일	9월25일
언어 영역	친구의 이야기를 관심 있게 듣는다.	○	○
	동화를 듣고 이해한다.	○	○
	교사의 이야기에 집중하여 듣는다.	○	○
	비슷한 말소리를 구분하여 듣는다.	×	○
	생활인쇄물을 읽는다.	×	×
	자신의 이름 글자를 읽는다.	○	○
	동화를 읽기 위해 시도한다.	×	×
	동화를 읽는 것을 즐긴다.	×	○
	동화의 그림을 단서로 이해한다.	○	×
	일상의 물건을 정확한 발음으로 말해 본다.	×	○
	궁금한 것을 질문할 수 있다.	×	○
	경험한 일을 이야기할 수 있다.	○	○
	자신의 생각을 이야기한다.	×	○
	존댓말을 사용하여 말한다.	○	○
	강, 약을 조절하여 말한다.	×	○
	상대방을 바라보며 말한다.	○	○
	자신의 이름을 쓴다.	×	×
	바르게 필기도구를 잡을 수 있다.	○	○
	완벽하지 않은 글자가 나타난다.	○	×

평 가
○○이는 1학기에 언어능력 관찰을 통해 집중하여 듣기가 가능하며, 읽기에 능숙하지 않으나 그림과 생활인쇄물에 관심을 보임. 자신의 경험은 이야기할 수 있으며 도구를 이용해 글자의 형태로 쓰기에는 어려움을 보임. 1학기와 비교해 2학기에 ○○이는 대체로 읽기, 말하기 능력의 발달적 변화가 나타났으나 아직 읽기와 쓰기에 어려움을 보임. ○○이가 읽기에 흥미를 가질 수 있도록 과자봉지를 이용한 그림카드 등 생활인쇄물을 이용한 읽기 놀이를 할 수 있도록 환경을 개선하고, 쓰기에 관심을 가지도록 지속적인 격려와 관심을 기울여야 함.

〈표 5-5〉와 〈표 5-6〉은 놀이지원자로서 교사의 '교수—학습 실천하기' 중 놀이공간과 자료, 상호작용에 대한 교사 행동목록이다. 유아의 놀이에 대한 교사의 지원을 관찰하고 행동목록법으로 기록하고 평가해 보자. 〈표 5-5〉에서는 관찰 시 개선사항란에 간단하게 메모한 후 평가 및 놀이계획을 작성해 보자.

표 5-5 놀이공간과 자료

관찰대상: ○○반 교사　　　관찰일자:
참 관 자:　　　관찰장소:

	내용	예	아니오	개선 사항
놀이공간	놀이공간이 융통성 있게 배치되었는가?			
	충분한 놀이공간을 확보하였는가?			
	유아에게 공간 배치의 주도권을 부여했는가?			
	놀이 시 유아가 다른 놀이공간(의외의 놀이공간)을 찾아볼 수 있는가?			
놀이자료	유아가 스스로 자료 활용방법을 선택하도록 지원하고 격려하는가?			
	자연을 통해 관찰, 탐색, 몰입이 일어나도록 자연물과 자연현상을 자료로 활용하는가?			
	일상에서 발견하는 다양한 사물을 놀이자료로 활용하는가?			
	유아의 몸 움직임에서 놀이성을 찾기 위해 자료 없이 놀이할 수 있는 기회를 제공하는가?			
	기존 자료를 새로운 방식으로 놀이하는 것을 허용하고 격려하는가?			

평가 및 놀이계획	

출처: 교육부 · 보건복지부(2019). 2019 개정 누리과정 실행자료 재구성.

표 5-6 상호작용

관찰대상: ○○○반 교사　　　　관찰일자:
관 찰 자:　　　　관찰장소:

	내용	예	아니오
상호작용	유아가 놀이하는 상대를 관찰한다.		
	유아의 놀이방법을 관찰하여 유아의 특성을 이해한다.		
	유아가 놀이하면서 나타나는 친사회적 행동을 관찰한다.		
	갈등을 경험하는 유아는 상황에 맞게 지원해 준다.		
	스스로 놀이를 전개하도록 기다려준다.		
	문제가 발생되었을 때 스스로 해결하도록 기회를 준다.		
	놀이에 참여하지 못하는 유아를 위해 다른 친구와의 놀이 관계를 지원한다.		
	놀이할 수 있는 적절한 공간을 스스로 찾아볼 수 있도록 지원한다.		
	놀이에서 흥미를 가지는 것을 관찰하여 놀이를 지원한다.		
	놀이관찰을 통해 놀이가 지속되도록 공간적 지원을 제안한다.		
	놀이관찰을 통해 유아의 흥미와 관련된 놀이 자료를 지원한다.		
	관찰을 통해 유아가 몰입하는 놀이 시간을 충분히 지원한다.		
	교사의 놀이 지원 상황을 살펴보고 추후 지원을 반영한다.		

평가 및 교수 계획	

출처: 교육부·보건복지부(2019). 2019 개정 누리과정 실행자료 재구성.

〈표 5-7〉은 유아의 놀이 특성 중 '정서놀이'에 관한 행동목록이다. 유아의 놀이 상황을 관찰하고 행동목록법으로 기록해 보자. 〈표 5-8〉은 유아의 놀이 특성 중 '신체놀이의 발달'에 관한 유아 행동목록이다. 시간차를 두고 다시 재기록함으로써 시간에 따른 유아의 신체놀이 발달을 기록해 보자.

표 5-7 정서놀이

관찰대상: 만 ○세 ○○○ (남, 여) 관찰일자:
관 찰 자: 관찰장소:

	내용	예	아니오
정서놀이	놀이 결과에 집착하지 않고 놀이를 즐긴다.		
	놀잇감을 좋아하고 소중하게 다룬다.		
	놀이 상대방의 감정을 공감한다.		
	놀이 참여 시 안정감을 유지한다.		
	놀이 참여 시 다른 사람의 감정을 파악한다.		
	놀이 참여 시 자기감정을 조절한다.		
	놀이 시 발생한 갈등상황을 해결하고자 시도한다.		
	놀이하는 동안 감정(화, 기쁨, 슬픔 등)을 표현한다.		
평가 및 놀이 계획			

출처: 지성애(2007). 유아 놀이특성 재구성.

표 5-8 신체놀이 발달

관찰대상: 만 ○세 ○○○ (남, 여) 관찰일자: 년 월 일, 월 일
관 찰 자: 관찰장소: ,

	내용	월 일		월 일	
		○	×	○	×
신체 놀이	신체 움직임을 조절하여 놀이한다.				
	활동 동선을 조절하여 놀이한다.				
	활동 속도를 조절하여 놀이하는 편이다.				
	놀이 상황에 맞는 신체 움직임을 한다.				
	놀이상대의 동작을 보고 정확하게 따라 하며 놀이 할 수 있다.				
	놀이 시 두 가지 이상의 신체 움직임을 자유롭게 한다.				
	눈과 손의 협응력이 뛰어나 조작놀이를 할 수 있다.				
	게임 시 사물을 정확하게 던질 수 있다.				
	역할 놀이 시 자신이 맡은 역할에 맞는 몸짓을 한다.				
	다양한 놀이 기구를 사용할 수 있다.				
평가 및 놀이 계획					

출처: 지성애(2007). 유아 놀이특성 재구성.

CHAPTER

6

평정척도법

CHAPTER

6 평정척도법

6-1 평정척도법의 정의

평정척도법(rating scale)은 관찰하고자 하는 행동의 질적 특성과 성격 등을 등급으로 구분하여 평정하는 방법이다. 즉, 관찰하고자 하는 행동의 출현 유무만을 평가하는 것이 아니라 출현빈도와 질적 수준의 정도까지 평가할 수 있다. '매우 못한다'에서 '매우 잘한다'까지 연속되는 행동의 정도를 몇 가지의 범주로 나누어 점수로 평가하고자 할 때 사용한다.

평정척도법에서는 관찰 대상자를 일정 기간 관찰하고 난 후 미리 정해진 범주에 따라 행동을 평정한다. 이때 관찰의 결과는 관찰자가 어느 범주에 포함되는 것인가를 판단해야 하므로 관찰자의 선입견이 개입될 수 있다. 특히, 행동목록법과 같이 관찰자가 사전에 관찰하고자 하는 행동에 대해 알고 있을 때 사용할 수 있으므로 후광효과와 같은 오류가 나타나지 않도록 주의해야 한다.

평정척도법은 약호식 기록법이기는 하나 관찰자가 충분한 관찰을 하고 객관적으로 평정한다면 영유아의 질적인 수준을 측정하는 것이 가능하므로 개별 영유아를 평가하고 교육과정을 계획하는 데 유용하게 사용할 수 있다. 또한, 지속적 혹은 일정 시간의 차를 두고 평정한다면 시간의 흐름에 따른 영유아의 발달 변화를 기록할 수 있다.

6-2 평정척도법의 특징

평정척도법의 특징은 다음과 같다.

첫째, 평정척도법 역시 다른 약호식 관찰기록법처럼 관찰이 시작되기 전에 척도를 개발해야 한다. 척도는 관찰의 목적을 실행하고 객관적인 자료수집을 위해 구체적이고 조직적으로 구성해야 한다. 척도는 관찰주제에 따라 행동의 범주를 선정하고, 자료를 수집하기에 효과적인 유형으로 구성해야 한다. 행동의 범주는 중복되는 항목이 없어야 하며, 질적인 정보를 평정해야 하므로 수준과 등급을 명확하게 기술해야 한다.

둘째, 평정척도법은 영유아의 사회적 기술을 평가하는 데 널리 사용된다(Merrell, 2001). 다른 관찰기록법들은 직접 관찰하고 수집한 많은 자료를 정리 · 분류하여 행동을 평가한다. 이에 비해 평정척도법은 사전에 개발된 척도에 맞춰 수집하고자 하는 주요 행동 정보만을 평가하므로 시간과 노력을 절약할 수 있다. 또한, 언어적 표현 능력의 한계가 있는 어린 연령의 영유아 행동관찰에 적용할 수 있으며, 가정이나 학교와 같은 자연스러운 환경에서 평가가 가능하기 때문에 활용도가 매우 높다. 영유아에게 친숙한 부모, 교사와 같이 관찰이 용이한 정보원들의 판단을 통한 정보수집도 가능하다.

셋째, 평정척도법은 수집된 자료를 통계화하여 분석하는 것이 가능하다. 평정척도법의 유형에 따라 차이가 있기는 하나 대부분의 유형은 많은 양의 자료를 수집하여 수치화할 수 있다. 수치화된 자료는 통계적 분석에 의해 영유아 간 혹은 집단 간의 차이를 분석하여 비교할 수 있다. 또한, 시간 차를 두고 평가하므로 시간의 변화에 따른 발달을 분석할 수 있다. 예를 들어, 학기 초에 언어능력을 평가하고 학기가 끝날 무렵 언어능력을 재평가하여 영유아의 언어능력 발달을 분석할 수 있다.

평정척도법은 관찰하고자 하는 목적과 수집하는 자료의 특성에 따라 척도의 종류가 달라진다. 평정척도의 대표적인 종류는 기술평정척도, 숫자평정척도, 도식평정척도 등이 있다.

기술평정척도는 평정하고자 하는 행동의 수준을 구체적인 문장으로 서술한 척도이다. 행동의 한 차원을 연속적인 몇 개의 범주로 나누어 설명하고, 관찰자가 영유아의 행동을 가장 잘 나타내는 것을 선택하는 방법이다. 평정할 때는 영유아의 행동과 가장 비슷한 범주를 선택한다. 여러 범주의 행동이 관찰될 때는 많이 나타나는 행동에 나타나는 행동에 따라 결정한다. 범주를 설명하는 진술문은 범주 간에 구별할 수 있도록 중복되지 않고 차이가 분명하게 기술되어야 한다.

〈이 닦기 행동〉

- 이 닦기를 거부한다.
- 교사가 이 닦기를 해 주기를 원한다.
- 교사와 함께 손을 잡아주면 이 닦기를 한다.
- 교사가 말로 설명하면 이 닦기를 바르게 한다.
- 스스로 이 닦기를 바르게 한다.

숫자평정척도는 행동의 특성 정도를 숫자로 표기하는 방법으로 사용하기에 가장 쉬운 형식이다. 숫자는 행동의 정도를 점수화한 것으로, 평정된 자료를 통계적으로 분석할 수 있게 해 준다. 숫자평정척도는 단극척도와 양극척도로 나눌 수 있다. 단극척도는 1, 2, 3, 4, 5로 나타내는 방법으로, 일반적으로 가장 긍정적인 척도치에 높은 점수를 준다. 양극척도는 −2, −1, 0, 1, 2로 배정하여 척도가 양극단으로 뻗어 나간다. 숫자평정척도는 숫자만으로 구성하기보다 기술평정척도와 함께 사용하기도 한다. 숫자평정만으로는 평정자마다 숫자가 의미하는 기준이 다를 수 있으므로 각 숫자가 나타내는 척도치를 설명하는 행동적 준거가 필요하다. 또한, 기술평정만으로는 결과를 수량화하기 어려우므로 숫자평정척도와 병행해 사용하여 점수화하기도 한다.

단극척도

집중하는 정도

1	2	3	4	5

양극척도

매우 산만하다	산만하다	보통이다	집중한다	매우 집중한다
−2	−1	0	1	2

도식평정척도는 평정척도를 도식으로 나타내는 방법으로 관찰자가 연속 선상의 어떤 지점을 선택하는 방법이다. 도식평정척도는 기술적인 유목에 선을 첨가한 형태로 시각적으로 나타나 있어 관찰자가 쉽게 위치를 정할 수 있다. 가장 보편적으로 수평선이 사용되기도 하지만 그림 또는 음영이 사용되기도 한다. 도식평정에서 제시되는 가시적으로 나타나는 척도는 관찰자가 하나의 시각적 단서로 활용하게 되며 영유아 행동의 연속성을 가정하게 된다. 척도의 각 항목 간 간격은 각 단계가 같은 간격임을 나타낸다.

전혀 그렇지 않다	별로 그렇지 않다	보통이다	대체로 그렇다	항상 그렇다

다음에서 설명하는 놀이 행동이 어디에 속하는지 판단되는 곳에 평정하시오.

1. 놀이에 집중하여 즐겁게 놀이한다. |——|——|——|——|
2. 놀이 시 또래와 갈등상황이 발생한다. |——|——|——|——|
3. 놀잇감을 정리한다. |——|——|——|——|
4. 놀이의 규칙을 준수한다. |——|——|——|——|

6-3 평정척도법의 장점과 단점

1) 평정척도법의 장점

평정척도법의 장점은 다음과 같다.

첫째, 사용하기 편리하다. 관찰자는 연구의 목적에 따라 짧은 시간 안에 여러 항목을 한꺼번에 평정하는 것도 가능하다. 또한, 다른 약호식 기록법과 동일하게 간단한 방법으로 표시하여 기록하므로 서술식 기록법에 비해 결과를 기록하기에 편리하다.

둘째, 관찰대상 간 비교가 가능하다. 평정척도방법의 유형은 다양하지만 거의 모든 유형들이 관찰자료를 쉽게 통계적으로 처리할 수 있다. 통계적으로 수량화된 데이터는 같은 행동영역에서 나타나는 관찰대상 간의 차이를 비교할 수 있게 한다.

셋째, 다양한 영역에 적용할 수 있다. 사용하기 용이하고 수량화하기 편리하므로 다양한 범위의 행동 연구에 사용된다. 또한, 하나 이상의 평정척도법을 병행하여 사용할 수도 있으므로 연구의 목적에 맞추어 적합하게 사용할 수 있기 때문에 다양한 영역에 적용하는 것이 가능하다.

2) 평정척도법의 단점

평정척도법의 단점은 다음과 같다.

첫째, 행동의 전후 상황에 대한 설명이 어렵다. 평정척도법은 서술식 기록과는 달리 관찰이 이루어지는 상황이나 사건에 대한 설명이 없다. 평정척도의 기록은 행동의 수준 혹은 등급으로 구성되므로 행동이 일어나는 전후 맥락을 알 수 없어 원인을 파악하기 어렵다.

둘째, 평정척도를 구성하기 위한 노력이 많이 든다. 평정척도는 관찰자가 관찰하고자 하는 행동범주를 정확하고 객관적으로 정해야 한다. 또한, 영유아의 행동특성에 비추어 순위 혹은 등급 등 적합한 평정방법을 선정해야 하며, 선정된 방법으로 개발된 각 항목은 의미의 중복이 없어야 한다. 관찰자가 평가하고자 하는 행동의 범주를 잘 반영한 평정척도를 개발하는 과정은 많은 시간과 노력이 필요하다.

셋째, 관찰자의 편견이 개입되기 쉽다. 평정척도법은 관찰 직후 바로 기록하는 경우도 있으나 관찰자의 기억에 의존해 평정이 이루어지는 경우가 많으므로 관찰자의 주관적 편견이 개입될 가능성이 높다. 관찰자는 관찰을 충분히 실행한 이후 종합적으로 판단하여 객관성을 가질 수 있도록 노력해야 한다.

넷째, 관찰자가 오류를 범할 수 있다. 관찰자는 관찰대상에 대한 기본적인 지식이 부족한 경우나 평정척도 항목을 숙지하지 못한 경우에는 척도의 극단 점수를 피하고 중앙점수를 많이 부여하는 오류를 범하기도 한다. 관찰자는 오류를 줄이기 위해 객관성 있고 일관성 있게 평정하도록 노력해야 한다.

6-4 평정척도법의 지침

평정척도법은 행동의 특성을 수준이나 정도로 판단해야 하므로 전문적인 관찰기술이 필요하다. 평정척도법을 이용하여 결과를 기록할 경우 일반적인 관찰 지침은 다음과 같다.

첫째, 평정척도의 항목은 관찰 가능한 행동을 간결하고 명확한 용어로 기술해야 한다. 척도를 사용하는 모든 관찰자가 동일하게 해석할 수 있도록 모호하거나 가치 판단적인 용어(예: 평균적, 상당히, 우수, 나쁜, 좋은, 아주 등)는 사용하지 않도록 한다.

둘째, 기록방법에 따른 적합한 평정척도 유형을 정한다. 평정척도법은 대표적으로 기술평정척도법, 숫자평정척도법, 도식평정척도법 등이 있다. 관찰의 목적에 따라 객관적인 결과를 도출할 수 있는 효율적인 평정척도 유형을 선정하여 기록한다.

셋째, 평정하는 과정에서 개인적인 편견이 개입되지 않도록 주의해야 한다. 관찰자는 평정하기 이전에 관찰대상에 대해 다른 사람의 의견을 묻지 않아야 하며, 관찰자 자신이 가지고 있는 선입견이 관찰대상 영유아의 평정 결과에 영향을 미치지 않도록 해야 한다.

넷째, 각 문항을 평정할 때에는 관찰한 결과를 종합하여 판단해야 한다. 대상 영유아를 관찰한 결과는 행동특성과 같은 질적 결과와 발생빈도와 같은 양적 결과를 포함한다. 관찰자는 질적 결과와 양적 결과를 종합적으로 분석하여, 구성된 척도에서 적합한 수준을 찾아 평정해야 한다.

이와 같이 평정척도법은 관찰자가 영유아의 특정 행동 수준의 정도에 대한 평가가 이루어져야 하므로 다른 관찰기록법보다 전문적인 관찰능력을 필요로 한다. 관찰자는 관찰의 목적에 따라 관찰할 장면을 선정하는 단계에서부터 관찰기록을 해석하는 단계까지 선입견이나 편견을 배제한 객관적인 관찰을 해야 한다. 관찰자인 평정자는 오류를 줄이고 객관적인 관찰이 이루어질 수 있도록 평정자 오류 검사를 실시해야 한다. 평정자 오류는 다음과 같다(고문숙 외, 2018).

〈평정자 오류〉

• **인상의 오류**(error of halo effect)

'후광효과'라고도 하는 인상의 오류는 관찰자가 가장 많이 범하는 오류이다. 관찰자가 이미 가지고 있는 호감 혹은 선입견이 개입되어 관찰하고자 하는 행동의 특성을 판단하는 데 영향을 미치는 것을 말한다.

• **중앙집중의 오류**(error of central tendency)

관찰자가 양극단의 점수를 피하고 중앙점수에 평정점수를 많이 주는 경우이다. 관찰자가 평정척도를 숙지하지 못하였거나 관찰이 완료되지 않아 정보수집이 부족한 경우 많이 발생한다.

• **논리의 오류**(local error)

다른 의미를 갖는 행동을 서로 비슷한 것으로 판단하여 같이 평정하게 되는 경우이다. 예를 들어, 문장력은 글을 짓는 능력이고 어휘력은 어휘를 풍부하게 사용할 수 있는 능력을 의미함에도 불구하고 어휘력과 문장력을 논리적으로 관계가 있다고 생각하여 유사하게 평정하는 것을 의미한다.

• **근접의 오류**(error of proximity)

문장 간의 거리가 떨어져 있을 때보다 연달아 있을 때 유사한 평정하게 되는 경우이다. 예를 들어, 식사 전 손을 씻는 습관과 화장실을 사용한 후 손을 씻는 습관을 묻는 문항이 연달아 제시되면 간격을 두고 떨어져서 지시되었을 때보다 유사한 평정 결과가 나타나는 경향이 나타난다.

• **대비의 오류**(error of contrast)

관찰자 자신이 가지고 있는 행동특성이 관찰 대상에게 관찰되면 낮게 평정하고, 관찰자가 가지고 있지 않은 행동특성이 관찰 대상에게 관찰되면 높게 평정하는 경우이다. 관찰자 자신과 비교해서 비슷하게 혹은 반대로 평정하는 경향으로 관찰대상의 행동을 그대로 평정하지 못하는 오류이다.

6-5 평정척도법의 실제

영유아를 대상으로 한 평정척도법 중 기술평정척도, 숫자평정적도, 도식평정척도의 사례를 영유아교육기관에서 기록한 예시이다. 예시를 살펴보고 영유아의 행동을 다양한 척도로 구성하여 평정해 보자.

1) 기술평정척도, 숫자평정적도, 도식평정척도의 예

〈표 6-1〉은 기술평정척도의 양식을 활용하여 영유아의 예절을 관찰하고 평정한 예시이다.

표 6-1 예절(기술평정척도)

관찰대상: ○○○　　　　생년월일: 2014년 3월 4일 (남, ㊛)
관 찰 자: ○○○　　　　관 찰 일: 2019년 7월 2일

(다음에서 설명하는 예절 문항을 읽고 해당하는 수준에 ✔표시를 하시오.)

내용	평정척도	비고
1. 어른께 공손한 태도로 인사한다.	___ 인사를 하지 않는다. ___ 가르쳐 주면 억지로 인사한다. ___ 가르쳐 주면 공손히 인사한다. _✔_ 가끔 공손히 인사한다. ___ 스스로 공손히 인사한다.	
2. 친구들과 인사를 잘 한다.	___ 친구들과 만났을 때 인사하지 않는다. ___ 인사하도록 하면 억지로 인사한다. ___ 가르쳐 주면 인사한다. _✔_ 친구들과 가끔 인사한다.	

내용	평정척도	비고
	___ 친구들과 항상 반갑게 인사한다.	
3. 웃어른께 물건을 두 손으로 받고 드린다.	___ 가르쳐 주어도 하지 않는다. ___ 가르쳐 주면 할 때도 있지만, 하지 않을 때도 있다. ___ 가르쳐 주면 그대로 한다. ___ 가끔은 잘 하는 편이다. ✔ 항상 두 손으로 받고 드린다.	
4. 자기가 잘못한 일을 사과할 줄 안다.	___ 전혀 사과하지 않는다. ___ 가르쳐 주면 억지로 사과한다. ___ 가르쳐 주면 사과할 줄 안다. ✔ 가르쳐 주지 않아도 사과한다. ___ 항상 스스로 사과한다.	
5. 입 안에 음식물을 넣고 말하지 않는다.	___ 가르쳐 주어도 지키지 않는다. ___ 가르쳐 주면 억지로 지킨다. ✔ 가르쳐 주면 그대로 지킨다. ___ 잘 지키는 편이다. ___ 항상 잘 지킨다.	
6. 바르게 앉아서 식사를 한다.	___ 가르쳐 주어도 지키지 않는다. ___ 가르쳐 주면 억지로 따른다. ✔ 가르쳐 주면 바르게 앉아서 식사한다. ___ 가끔 바르게 앉아서 식사한다. ___ 항상 바른 자세로 식사한다.	

평 가
○○이는 웃어른께 예의바르게 인사하고 공손한 태도를 유지할 수 있음. 친구들과 반갑게 인사하고 자신의 잘못으로 갈등이 발생했을 때 사과할 수 있음. 식사예절 중 입에 음식을 넣고 말하지 않는 것은 잘 지켜지는 편이지만, 식사 시 정해진 자리에서 식사하지 못하고 돌아다니는 편임. 자신의 자리에서 식사해야 하는 이유를 설명하고 바른 자세로 식사하는 습관이 형성될 수 있도록 지속적인 지도가 필요함.

출처: 서울시교육청(2017). 유치원 교육과정 및 유아평가 재구성.

〈표 6-2〉는 숫자평정척도의 양식을 활용하여 영유아의 인지능력을 관찰하고 평정한 예시이다.

표 6-2 인지능력 42–47개월용(숫자평정척도)

관찰대상: ○○○ 생년월일: 2015년 7월 2일 (남, ㊛)
관 찰 자: ○○○ 관 찰 일: 2019년 9월 17일

	전혀 못함	못함	보통	잘함	매우 잘함
1. 과일, 탈것, 가구가 그려진 그림카드를 섞어 놓았을 때 같은 종류끼리 분류한다.			✔		
2. '가장 많은', '가장 적은'의 개념을 모두 이해한다.					✔
3. 다른 사람이 한 말을 전달한다.				✔	
4. 다섯 가지 이상의 색깔을 정확하게 구분한다.					✔
5. 물건을 하나씩 열(10)까지 센다.				✔	
6. 아침, 저녁, 오늘, 내일 등 시간의 개념을 이해한다.			✔		
7. 사람(엄마, 아빠)을 그리면 신체의 세 부분 이상을 그린다.				✔	
8. 손에 닿지 않는 물건을 도구를 이용하여 가져온다.					✔

평 가	
○○이는 10 이하의 수 세기가 가능하고, 양의 개념을 잘 알고 있다. 실물과 비슷한 형태의 그림을 그릴 수 있으며, 일상생활에서 도구를 활용하는 능력이 우수하다. 기초적인 분류능력과 시간에 대한 개념을 가지고 있다.	

출처: 영유아발달선별검사(K-DST) 재구성.

〈표 6-3〉은 도식평정척도의 양식을 활용하여 영유아의 자조행동을 관찰하고 평정한 예시이다. 도식평정척도의 특징을 살펴보고 평정한 내용을 종합한 평가기록을 살펴보자.

표 6-3 자조행동(도식평정척도)

관찰대상: ○○○ 생년월일: 2015년 10월 2일 (남, ㊛)
관 찰 자: ○○○ 관 찰 일: 2019년 8월 3일

(다음에서 설명하는 자조행동을 읽고 해당하는 수준에 ✔표시를 하시오.)

평정항목		
1. 스스로 옷이나 신발을 입지 못한다.	1 [✔] [ ] [ ] [ ] [ ] 5	1. 스스로 옷이나 신발을 입는다.
2. 스스로 옷이나 신발을 벗지 못한다.	1 [✔] [ ] [ ] [ ] [ ] 5	2. 스스로 옷이나 신발을 벗는다.
3. 바른 자세로 음식을 먹지 못한다.	1 [ ] [ ] [ ] [✔] [ ] 5	3. 바른 자세로 음식을 먹는다.
4. 도구를 사용해 음식을 먹지 못한다.	1 [✔] [ ] [ ] [ ] [ ] 5	4. 도구를 사용해 음식을 먹는다.
5. 식사한 자리를 정리하지 못한다.	1 [ ] [ ] [ ] [✔] [ ] 5	5. 식사한 자리를 정리한다.
6. 배변의사를 표현하지 못한다.	1 [✔] [ ] [ ] [ ] [ ] 5	6. 배변의사를 표현한다.
7. 배변을 한 후 손을 씻지 않는다.	1 [ ] [ ] [ ] [✔] [ ] 5	7. 배변을 한 후 손을 씻는다.

8. 정해진 곳에서 배변하지 못한다.	1 ✔├───┼───┼───┼───┤ 5	8. 정해진 곳에서 배변한다.
9. 스스로 이 닦기를 하지 못한다.	1 ├───┼───┼───✔┼───┤ 5	9. 스스로 이 닦기를 한다.
10. 자신의 물건을 정리하지 못한다.	1 ├───✔┼───┼───┼───┤ 5	10. 자신의 물건을 정리한다.
11. 놀잇감을 정해진 자리에 정리하지 못한다.	1 ├───┼───✔┼───┼───┤ 5	11. 놀잇감을 정해진 자리에 정리한다.
12. 차례를 지키지 못한다.	1 ✔├───┼───┼───┼───┤ 5	12. 차례를 잘 지킨다.

평 가

○○이는 스스로 옷 입기, 식사 준비 및 정리하기, 배변하기, 질서 지키기, 몸을 깨끗이 하기의 습관이 잘 형성되어 있으나 놀이를 하고 놀잇감을 제자리에 정리하거나 자신의 사물함을 정리하는 것에 어려움을 보이므로 스스로 정리하는 습관을 기를 수 있도록 지속적인 지도가 필요함.

출처: 홍길회 · 박재옥(2018). 아동관찰 및 행동연구. 서울: 동문사 재구성.

〈표 6-4〉, 〈표 6-5〉, 〈표 6-6〉은 유아의 놀이 특성에 관한 내용이다. 자유선택활동에서 영유아의 놀이상황을 관찰하여 평정척도법 중 기술평정척도, 숫자평정척도, 도식평정척도로 기록하고 평가해 보자. 평정 방법에 따른 평정척도법의 기록과 평가의 차이를 살펴보자.

표 6-4 유아의 놀이 특성(기술평정척도)

관찰대상: ○○○ 생년월일: 년 월 일 (남, 여)
관 찰 자: ○○○ 관 찰 일: 년 월 일

(다음에서 설명하는 예절 문항을 읽고 해당하는 수준에 ✔표시를 하시오.)

내용	평정척도	비고
1. 놀이를 스스로 계획한다.	____ 놀이를 계획하지 않는다. ____ 교사가 유도하면 억지로 계획한다. ____ 교사가 상호작용하면 소극적으로 계획한다. ____ 자발적으로 놀이를 계획한다.	
2. 놀이 시 다른 유아의 참여를 수용한다.	____ 다른 유아의 참여를 수용하지 않는다. ____ 참여하도록 유도하면 억지로 수용한다. ____ 참여하도록 유도하면 가끔 수용한다. ____ 놀이 시 항상 다른 유아의 참여를 수용한다.	
3. 놀이하는 동안 즐거워한다.	____ 놀이하고 싶어 하지 않는다. ____ 놀이 시 반응이 없거나 무표정하다. ____ 놀이 시 가끔 즐거워한다. ____ 놀이하는 동안 소리내어 웃고 놀이시간의 종료를 아쉬워한다.	
4. 다른 유아와 규칙을 지키며 놀이한다.	____ 놀이 규칙을 전혀 지키지 않는다. ____ 교사가 개입하여도 규칙을 억지로 지킨다. ____ 교사의 개입 없이 놀이 시 가끔 규칙을 지킨다. ____ 놀이 시 항상 다른 유아와 규칙을 지키며 놀이한다.	

평 가

표 6-5 유아의 놀이 특성(숫자평정척도)

관찰대상: ○○○ 생년월일: 년 월 일 (남, 여)
관 찰 자: ○○○ 관 찰 일: 년 월 일

	전혀 그렇지 않다	그렇지 않다	보통이다	그렇다	매우 그렇다
1. 역할이나 모습을 꾸며서 행동한다.					
2. 다양한 방법으로 사물을 가지고 놀이한다.					
3. 하나의 놀이에서 다른 놀이로 확장한다.					
4. 놀이를 더 재미있게 하려고 노력한다.					
5. 놀이 시 자신이 의도하는 대로 놀고자 한다.					
6. 다양한 방법으로 타인을 놀이에 참여시킨다.					
7. 놀이를 할 때 하나의 역할을 하면서 동시에 여러 다른 역할도 함께 한다.					
8. 적극적으로 활동에 참여한다.					
9. 무엇을 할 것인지 스스로 결정한다.					
10. 놀이를 할 때 틀에 얽매이지 않고 자유롭게 놀잇감을 사용한다.					
11. 활동을 지속하기 위하여 어려운 문제를 해결하려고 노력한다.					
12. 순조롭고 융통성 있게 놀이한다.					
13. 놀이 중 놀이와 관련된 이야기를 지어내며 놀이한다.					
14. 필요한 욕구를 충족하기 위해 다른 유아와 협상할 수 있다.					

평 가

출처: 김명순 외(2012). 유아용 놀이성 평정 척도 개발 및 타당화 연구. 아동학회지, 33(2), 69-89 재구성.

표 6-6 유아의 놀이 특성(도식평정척도)

관찰대상: ○○○ 생년월일: 년 월 일 (남, 여)
관 찰 자: ○○○ 관 찰 일: 년 월 일

(다음에서 설명하는 놀이 특성을 읽고 해당하는 수준에 ✔표시를 하시오.)

평정항목		
1. 다른 유아와 놀이 시 주도적으로 나서지 못한다.	1 ├───┼───┼───┼───┤ 5	1. 다른 유아와 놀이 시 주도적인 역할을 한다.
2. 놀이하는 동안 만족스럽지 못하다.	1 ├───┼───┼───┼───┤ 5	2. 놀이하는 동안 만족스러워한다.
3. 놀이 시 다른 유아와 놀잇감을 공유하지 못한다.	1 ├───┼───┼───┼───┤ 5	3. 놀이 시 다른 유아와 놀잇감을 공유한다.
4. 놀이를 하면서 노래나 이야기를 하지 않는다.	1 ├───┼───┼───┼───┤ 5	4. 놀이를 하면서 노래를 부르고 이야기를 한다.
5. 놀이하면서 무표정하거나 우울하다.	1 ├───┼───┼───┼───┤ 5	5. 놀이하면서 미소를 짓거나 소리 내어 웃는다.
6. 놀이규칙에는 관심이 없다.	1 ├───┼───┼───┼───┤ 5	6. 놀이규칙을 만들어 다른 유아에게 제시한다.
7. 놀이 활동 중 자신의 결과물을 숨기고 싶어 한다.	1 ├───┼───┼───┼───┤ 5	7. 놀이 활동 중 자신의 결과물을 자랑한다.
8. 장난스러운 놀이를 싫어한다.	1 ├───┼───┼───┼───┤ 5	8. 장난스러운 놀이를 즐긴다.

평 가

출처: 김명순 외(2012). 유아용 놀이성 평정 척도 개발 및 타당화 연구. 아동학회지, 33(2), 69-89 재구성.

〈표 6-7〉은 2019 개정 누리과정의 사회관계 영역 중 더불어 생활하기 범주에 포함된 내용이다. 다음의 내용을 기술평정척도법, 숫자평정척도법, 도식평정척도법으로 구성해 보고, 실제 관찰을 통해 기록하고 평가해 보자.

표 6-7 사회관계 영역(평정척도법)

영역	사회관계
범주: 더불어 생활하기 목표: 다른 사람과 사이좋게 지낸다.	
• 가족의 의미를 알고 화목하게 지낸다. • 친구와 서로 도우며 사이좋게 지낸다. • 친구와의 갈등을 긍정적인 방법으로 해결한다. • 서로 다른 감정, 생각, 행동을 존중한다. • 친구와 어른께 예의 바르게 행동한다. • 약속과 규칙의 필요성을 알고 지킨다.	

출처: 교육부 · 보건복지부(2019). 2019 개정 누리과정 해설서.

CHAPTER

7

시간표집법

CHAPTER

7 시간표집법

7-1 시간표집법의 정의

시간표집법(time sampling method)은 일정한 시간 간격을 두고, 일정한 시간 단위씩 측정 또는 과정 전체를 추정하려는 직접 관찰의 한 방법으로, '시간선택 관찰법'이라고도 한다(한국영유아교육학회, 1996). 즉, 시간의 단위 및 간격을 중심으로 관찰하고자 하는 행동이나 사건을 통제한 후, 그 행동이나 사건이 나타나면 일정한 양식에 따라 표기하여 기록하는 것이다. 기록한 자료를 바탕으로 시간에 근거하여 행동을 해석할 때에는 하루 분량의 관찰 자료만이 아니라 몇 주 동안 반복적으로 관찰한 결과를 종합하여 해석해야 한다.

7-2 시간표집법의 특징

시간표집법은 관찰 대상의 미리 선정된 특정한 행동을 정해진 짧은 시간 내에 일정한 간격으로 여러 회 반복적으로 관찰하여, 출현 빈도를 중심으로 자료를 수집 및 기록하는 특징을 가진다. 예를 들어, 영유아의 공격성 관련 행동을 관찰하고자 할 때 '1분 관찰 & 30초 기록' 방식으로 총 15분 동안 10회 관찰을 실시했을 때 관찰하고자 하는 행동이 총 몇 번이나 출현했는지 알 수 있다.

이처럼 시간표집법의 관찰 실시 기준은 '시간'이며, 관찰된 행동은 시간의 단위와 간격에 근거해 기록 및 해석되고 이는 관찰대상의 특정 행동에 대한 양적 측정을 가능하게 한다(황해익 외, 2019). 이때 관찰시간의 간격은 관찰하고자 하는 행동이나 사건의 유형과 총 관찰시간 그리고 관찰한 결과를 기록하는 시간 등에 따라 결정된다.

이러한 특징을 바탕으로 시간표집법의 관찰 기록 방법은 행동의 출현 유무에 따른 기록 방법, 행동이 나타나는 빈도수에 따른 기록 방법 그리고 행동의 지속 시간을 추가한 기록 방법으로 나눌 수 있다. 이 3가지 유형별 기록 방법의 작성 예는 〈표 7-1〉, 〈표 7-2〉, 〈표 7-3〉과 같다.

〈시간표집법 유형별 기록 방법〉

표 7-1 행동의 출현 유무에 따른 기록 방법

구분		1회	2회	3회	…
공격성	언어	☑	☑	☐	☐
	신체	☐	☑	☑	☐
	관계	☑	☐	☑	☐
	⋮	☐	☐	☐	☐

표 7-2 행동이 나타나는 빈도수에 따른 기록 방법

구분		1회	2회	3회	…
공격성	언어	/	/	///	
	신체	///	/		
	관계		//	/	
	⋮				

표 7-3 행동의 지속 시간을 추가한 기록 방법

구분		1회	2회	3회	…
공격성	언어	☑(5초)	☑(5초)	□(　초)	□(　초)
	신체	□(　초)	☑(2초)	☑(2초)	□(　초)
	관계	☑(15초)	□(　초)	☑(20초)	□(　초)
	⋮	□(　초)	□(　초)	□(　초)	□(　초)

시간표집법은 비교적 짧은 시간 동안 나타나는 행동이나 사건을 기록하기 때문에 관찰자가 쉽게 관찰할 수 있으며 일반적으로 15분 동안 최소 1회 이상 관찰이 가능한 행동이나 사건을 기록하고 표집하고자 할 때 적합하다. 이는 영유아의 생각이나 감정과 같이 행동으로 드러나지 않거나 자주 발생하지 않는 행동은 시간표집법을 사용하여 관찰하는 것이 적절하지 않다는 것을 의미한다.

이렇게 수집된 자료는 교사나 영유아의 행동 또는 프로그램의 효과 등을 평가하는 데 활용이 가능하여 교육과정을 구성하는 데 도움을 줄 수 있다. 다만, 교사가 직접 시간표집법을 활용하여 관찰을 할 때에는 학급 내 다른 영유아들과 상호작용하기 어려울 가능성이 높으므로 학급 내 보조 인력의 도움을 통해 학급 지도를 요청하거나 관찰을 대신 실시할 수 있도록 한다.

시간표집법을 활용한 대표적인 초기 연구로는 파튼(Parten, 1932)의 영유아놀이에 관한 연구가 있다. 파튼은 영유아의 놀이를 참여유형에 따라 6가지 범주(아무것도 하

지 않는 행동, 방관자적인 행동, 혼자놀이, 병행놀이, 연합놀이, 협동놀이)로 나누어 관찰하였는데, 이 연구를 통하여 영유아의 놀이가 연령이 증가함에 따라 단계적으로 진행됨을 밝혔다(7-5 시간표집법의 실제 〈표 7-4〉 참고).

7-3 시간표집법의 장점과 단점

1) 시간표집법의 장점

시간표집법의 장점은 다음과 같다.

첫째, 관찰과 동시에 관찰내용을 간단히 부호화하여 행동을 기록하기 때문에 서술식 관찰법에 비해 시간과 경비, 노력 등을 절약하고 간편하게 사용할 수 있다.

둘째, 서술식 관찰법에 비해 비교적 짧은 시간 안에 많은 정보를 수집할 수 있으므로 자료 수집과 분석에 있어 효율성이 높다.

셋째, 개인뿐만 아니라 여러 명을 동시에 관찰하는 것이 가능하다.

넷째, 수집된 결과는 수량화가 용이하여 개인 및 집단의 특성을 통계적으로 분석할 수 있으며, 다른 변인과의 관계를 알아보고자 할 때 유용하다.

다섯째, 매우 빠르게 동시적으로 발생하는 행동이나 사건에 대해 체계적으로 관찰하고자 할 때 효율적이다.

여섯째, 관찰시간의 한계가 명확하며 관찰하려는 행동에 대한 조작적 정의가 분명하기 때문에 다른 관찰법에 비해 신뢰도와 객관성 그리고 대표성이 높다.

2) 시간표집법의 단점

시간표집법의 단점은 다음과 같다.

첫째, 자주 발생하지 않는 행동이나 사건에 대해서는 기록이 어렵기 때문에 관찰하고자 하는 행동이나 사건을 결정하기 전에 예비 관찰을 통해 자주 그리고 규칙적으로 발생하는 행동과 사건을 선택해야만 한다.

둘째, 시각적으로 관찰이 가능한 외현행동에는 적합하지만 그렇지 못한 내면의 감정 또는 생각 등에 대한 관찰을 하기에는 적용이 어렵다.

셋째, 시간표집법에 의해 수집된 자료는 양적 자료로, 행동의 정도에 대한 해석은 불가능하다.

넷째, 관찰하고자 하는 행동이나 사건의 출현 시간에 관심을 두고 있기 때문에 시간표집법을 통해 얻은 결과를 바탕으로 발생한 행동이나 사건의 전모, 인간행동 간의 상호관계 등의 인과관계를 파악하는 것은 어렵다.

다섯째, 사전에 관찰하고자 하는 행동에 대한 조작적 정의를 내리고, 범주화를 해야 하며 시간 단위, 관찰 횟수, 기록 방법 결정 및 기록양식 제작 등 사전 준비 단계에 많은 시간과 노력이 요구된다.

여섯째, 미리 제작된 양식지 내에 제시된 범주에 맞추어 기록해야 하기 때문에 유의미한 행동임에도 불구하고 항목이 존재하지 않을 시 기록을 할 수 없다.

일곱째, 관찰할 행동이 너무 많거나 미리 정해진 범주에 관찰한 행동이나 사건을 억지로 맞춰 넣으려고 시도하다가 의미 있는 다른 행동을 간과하는 관찰 실패 상황이 발생할 수 있다.

7-4 시간표집법의 지침

시간표집법을 이용하기 위해서는 다음과 같은 관찰 지침을 고려하도록 한다.

첫째, 시간표집법은 구조화된 관찰 유형이므로 관찰하려는 행동이나 사건이 명확하게 정의되어야 한다. 관찰자나 관찰결과를 확인하는 사람들이 각 용어가 어떤 의미로 사용되었는지를 명확하게 이해할 수 있어야 정확한 의사전달이 가능하기 때문이다.

둘째, 관찰하려는 행동 단위를 하위 행동으로 범주화하고, 위계적으로 분류하여 각 범주의 조작적 정의에 대해 구체적으로 기술하도록 한다. 경우에 따라 관찰할 행동에 대한 목록을 구성할 수도 있다.

셋째, 관찰자는 관찰범주에 대한 조작적 정의를 충분히 숙지하고 이와 관련된 대표적인 예시를 알고 있어야 쉽게 관찰할 수 있다. 조작적 정의란, 추상적 개념을 측정이 가능하고 경험적으로 관찰이 가능한 수준까지 구체적으로 규정하는 것을 말한다.

넷째, 관찰하려는 목표 행동이나 사건을 보기 위해 미리 시간 단위를 결정한다. 1회 관찰을 하는 데 있어 관찰하려는 행동이 일어나는 빈도와 특성에 따라 시간 단위는 달라질 수 있다. 보통 시간은 5초에서 20분까지 다양하지만, 영유아를 대상으로 하는 대부분의 연구에서는 5분 이하의 시간 단위를 사용한다.

다섯째, 관찰 시간 단위 사이의 간격을 결정한다. 앞서 정한 시간 단위의 길이와 관찰대상의 수 그리고 어느 정도의 상세한 기록을 요구하느냐에 따라 시간 단위 사이의 간격이 결정된다.

여섯째, 총 몇 회에 걸쳐 관찰할 것인가를 고려하여 관찰 횟수를 결정한다. 일반적으로 행동의 변화가 크거나 연구가 미비한 영역의 행동에 대해 관찰을 할 때에는 더 많은 횟수의 관찰을 요구하며, 따라서 관찰시간도 더 많이 소요되는 결과를 가져온다.

일곱째, 위의 지침들을 충분히 고려하여 그에 따라 관찰 행동의 기록 방식을 결정한다. 관찰자는 관찰 행동의 출현 유무를 체크(✔)로 표시하거나 세기표(/, 正)를 하는 등의 다양한 방식을 선택할 수 있다.

여덟째, 관찰 기록용지에는 예기치 않게 발생한 사건이나 어떤 방해요인이 있을 때, 이를 기록하기 위한 여백을 남겨두도록 한다. 관찰 현상과 무관하더라도 그 상황에 있는 관찰대상의 행동에 영향을 미칠 수 있기에 참고를 위한 기록을 해 둘 필요가 있다.

7-5 시간표집법의 실제

시간표집법은 관찰 목적이 무엇인지에 따라 작성 양식이 다양하다.

1) 시간표집법의 예

표 7-4 영유아 사회적 놀이 참여유형 관찰

관찰영유아	○○○	생년월일	0000년 00월 00일(4년 9개월)	성별	남/여
관찰자(교사)	###	관찰일자	0000년 00월 00일		
관찰시간	00:00~00:00				
관찰장소	교실 내 흥미영역(음률)	관찰장면	자유선택활동 시 놀이 참여유형		

놀이 참여유형 / 시간(초)	비놀이 행동					놀이 행동				주석(메모)
	아무것도 하지 않는 행동	방관자적인 행동	일상적 행동	활동	교사와 상호작용	혼자 놀이	병행 놀이	연합 놀이	협동 놀이	
15		✔								음률영역에서 ▲▲가 탬버린을 연주하는 것을 쳐다봄
15							✔			음률영역에서 트라이앵글을 연주함
15							✔			음률영역에서 탬버린을 연주함
15							✔			○○의 탬버린 소리가 나자 ◆◆가 쳐다봄
15								✔		○○가 함께 탬버린을 연주하자고 함

표 7-4 계속: 참고-영유아 사회성 놀이 참여유형 및 조작적 정의

놀이 참여유형(행동범주)		조작적 정의
비놀이 행동	아무것도 하지 않는 행동	영유아가 어떤 놀이활동에도 참여하지 않고, 다른 것에도 특별한 관심을 기울이고 있지 않다.
	방관자적인 행동	영유아가 놀이에 참여하지 않고 있으나 다른 영유아들이 하고 있는 놀이를 상당히 오랜 시간 주의 깊게 바라본다.
	일상적 행동	화장실 다녀오기, 손 씻기 등 일상적인 행동이다.
	활동	교사가 제공한 게임이나 실험에 참여하는 행동이다.
	교사와 상호작용	또래와 놀이를 하지 않고 교사에게 도움을 청하거나 일상적 대화를 한다.
놀이 행동	혼자놀이	영유아 혼자 놀잇감을 가지고 놀이하는 것을 말한다. 다른 영유아와 가까이 있더라도 서로 간의 대화나 사회적 접촉이 없는 상태를 의미한다.
	병행놀이	같은 공간에서 또래와 유사한 놀이자료를 가지고 놀이하고 있으나 상호작용이나 서로에게 영향을 주고 있지 않는 상태를 의미한다.
	연합놀이	영유아들이 함께 대화를 나누며 놀잇감을 교환하기도 한다. 비슷한 놀잇감을 가지고 유사한 놀이를 하지만 놀이의 공통된 목표가 없고 역할 분담도 조직되어 있지 않다.
	협동놀이	영유아들의 놀이에 목표와 구성원들의 역할이 있으며 리더 역할을 하는 영유아들도 있다. 각자 맡은 역할이 있으며 서로 협동하며 조직적으로 놀이한다.
관찰 안 됨		놀이공간 밖으로 나가 관찰이 되지 않는 상태를 의미한다.

출처: 김송이 외(2014). 영유아 관찰 및 실습. 경기: 양서원 재구성.

표 7-5 흥미영역 참여상황 관찰 I

관찰영유아1	이름	○○○	생년월일(연령)	0000년 00월 00일(5년 3개월)	성별	남/여
관찰영유아2	이름	■■■	생년월일(연령)	0000년 00월 00일(5년 5개월)	성별	남/여
관찰영유아3	이름	▲▲▲	생년월일(연령)	0000년 00월 00일(5년 6개월)	성별	남/여
⋮						

관찰자(교사)	###	관찰일자	0000년 00월 00일
관찰시간	09:20~10:20		
관찰장소	교실 내 흥미영역	관찰장면	자유선택활동 시 흥미영역 선택

관찰일시 / 영유아명	월			화			수			목			금		
	09:20	09:50	10:20	09:20	09:50	10:20	09:20	09:50	10:20	09:20	09:50	10:20	09:20	09:50	10:20
○○○	수과	수과	조	미	미	쌓	역	컴	컴	미	미	지	조	조	수과
■■■	x	x	x	언	언	역	조	쌓	과	역	미	쌓	음	수과	수과
▲▲▲	컴	컴	역	음	쌓	언	언	미	수과	x	컴	컴	x	조	언
⋮	⋮	⋮	⋮	⋮	⋮	⋮	⋮	⋮	⋮	⋮	⋮	⋮	⋮	⋮	⋮

- 언 : 언어영역
- 역 : 역할영역
- 수과 : 수 · 과학영역
- 미 : 미술영역
- 음 : 음률영역
- 조 : 조작영역
- 쌓 : 쌓기영역
- 컴 : 컴퓨터영역
- 지 : 지켜보기
- 비 : 놀이하지 않음
- X : 부재중

출처: 안선희 외(2017). (개정)아동관찰 및 행동연구. 서울: 창지사 재구성.

표 7-6 흥미영역 참여상황 관찰II

관찰영유아1	이름	○○○	생년월일(연령)	0000년 00월 00일(5년 3개월)	성별	남/여
관찰영유아2	이름	■■■	생년월일(연령)	0000년 00월 00일(5년 5개월)	성별	남/여
⋮						

관찰자(교사)	###	관찰일자	0000년 00월 00일	관찰시간	09:20~10:20
관찰장소	교실 내 흥미영역	관찰장면	자유선택활동 시 흥미영역 선택		

영유아	횟수	언	역	수과	미	음	조	쌓	컴	지	비	X
○○○	1	✔		✔	✔		✔		✔			
	2	✔										
	3											
	4											
	5											
	계	2	0	1	1	0	1	0	1	0	0	0
■■■	1		✔		✔	✔				✔		
	2		✔									
	3											
	4											
	5											
	계	0	2	0	1	1	0	0	0	1	0	0
⋮												

- 언 : 언어영역
- 역 : 역할영역
- 수과 : 수 · 과학영역
- 미 : 미술영역
- 음 : 음률영역
- 조 : 조작영역
- 쌓 : 쌓기영역
- 컴 : 컴퓨터영역
- 지 : 지켜보기
- 비 : 놀이하지 않음
- X : 부재중

출처: 안선희 외(2017). (개정)아동관찰 및 행동연구. 서울: 창지사 재구성.

표 7-7 친사회적 행동 출현 관찰

관찰영유아	○○○	생년월일	0000년 00월 00일(5년 4개월)	성별	남/여
관찰자(교사)	###	관찰일자	0000년 00월 00일		
관찰시간	00:00~00:00				
관찰장소	교실	관찰장면	자유선택활동 시 친사회적 행동 출현 여부		

친사회적 행동 / 관찰 회차(시간)	양보하기	배려하기	나누기	돕기
1(30초)	✔			
2(30초)		✔		
3(30초)		✔		
4(30초)		✔		
5(30초)			✔	
6(30초)		✔		
7(30초)		✔		
8(30초)			✔	
9(30초)			✔	
10(30초)	✔			
합계	2	5	3	0

요약: ○○의 친사회적 행동은 '배려하기'가 주로 나타난다.
○○의 친사회적 행동은 배려하기-나누기-양보하기(-돕기는 관찰되지 않음)의 순으로 나타난다.

출처: 서현아 외(2018). 아동관찰 및 행동연구. 경기: 양서원 재구성.

표 7-8 대소집단 활동 시 일탈 행동 출현 관찰

관찰영유아	○○○	생년월일	0000년 00월 00일(4년 3개월)	성별	남/여
관찰자(교사)	###	관찰일자	0000년 00월 00일		
관찰시간	11:10~11:13(간격:15초)	관찰행동	활동 자리 이탈		
관찰장소	교실	관찰장면	대소집단 활동 시 일탈 행동		

행동 출현 / 관찰시간	행동 출현 여부	주석(메모)	관찰장면
15초	✔	쌓기 영역	• 쌓기 영역과 간식 영역에서 혼자 놀이함
15초	✔	쌓기 영역	
15초			
15초 / 1분	✔	간식 영역	
15초			• 교실 출입문 쪽으로 이동함
15초	✔	출입문	
15초	✔	출입문	
15초 / 2분			
15초			• 교사 책상을 훑어봄 • 역할영역에서 혼자 놀이함
15초	✔	교사 책상	
15초			
15초 / 3분	✔	역할영역	
총 12회 중 7회			

요약: ○○의 대소집단 활동 시 자리 이탈은 전체 관찰시간 3분간 총 12회 관찰 중 7회 나타난다. ○○의 대소집단 활동 시 자리 이탈 지점은 교실 내 쌓기 영역, 간식 영역, 교사 책상, 역할영역, 교실의 출입문이다.

CHAPTER

8

사건표집법

CHAPTER

8 사건표집법

8-1 사건표집법의 정의

일화기록법과 시간표집법의 단점을 보완하여 개발된 사건표집법(event sampling method)은 단순하게 어떠한 행동이나 사건의 발생 유무를 관찰하기보다는 특정한 행동이나 사건이 발생할 것을 기다렸다가 그것이 나타나면 일정한 형식에 따라 행동이나 사건의 순서를 상세하게 기술하는 방법이다(황해익 외, 2019).

사건표집법에 있어서 관찰의 목적은 어떤 행동이 일어난 원인이 무엇인지를 알아내는 것에 있다고 볼 수 있으며, 관찰대상에게서 관심 있는 행동이 나타나면 관찰한 후 기록하는 형식으로 사건의 특성을 탐색하는 데 적합한 방법이라 할 수 있다.

사건표집법은 관찰하고자 하는 행동이나 사건이 일어나기 전-현재-후를 서술하여 그 행동이나 사건에 대한 인과관계를 밝히는 데 도움을 주는 ABC서술식 사건표집법과 관찰하고자 하는 행동이나 사건이 얼마나 자주 일어나는지를 알아보기 위한 빈도 사건표집법으로 구분된다.

1) ABC서술식 사건표집법

사건표집법의 첫 번째 유형인 ABC서술식 사건표집법은 관찰하고자 하는 행동이나 사건이 나타나기를 기다렸다가 그 행동이나 사건이 발생하면 미리 정해둔 일정한 형식에 따라 행동이나 사건의 내용과 순서를 상세히 기술하는 방법이다.

자연스러운 상황 속에서 발생하는 행동이나 사건의 인과관계를 알 수 있도록 하는 ABC서술식 사건표집법은 벨과 로우(Bell & Low, 1977)에 의해 고안되었다. 관찰하고자 하는 행동이나 사건이 일어나기 전의 상황(A: Antecedent event), 관찰하고자 하는 행동이나 사건 그 자체(B: Behavior) 그리고 그 행동이나 사건이 일어난 이후의 결과(C: Consequence)를 기록하도록 구성되어 있다.

2) 빈도 사건표집법

사건표집법의 두 번째 유형인 빈도 사건표집법은 사전에 정해진 범주의 행동이나 사건이 나타날 때마다 기록을 하는 방법으로 그 행동이나 사건이 얼마나 자주 일어나는지를 알 수 있는 관찰법이다. 관찰하고자 하는 행동이나 사건이 나타날 때까지 기다렸다가 나타나면 세기표(/, 正 등)를 활용하여 기록한다.

8-2 사건표집법의 특징

사건표집법은 관찰하고자 하는 행동이나 사건을 미리 선정하는 부분에서는 시간표집법과 유사하다고 볼 수 있으나 관찰하고자 하는 행동이나 사건이 나타날 때까지 기다린 후 관찰을 한다는 점에서 차이를 보인다. 이에 사건표집법으로 관찰을 할 때에는 시간이나 간격 등에 특별한 제한을 두지 않는 것이 특징이다.

사건표집법은 영유아의 어떠한 행동에 대한 원인과 결과를 밝히기 위해 실시되는 경우가 많은 만큼 관찰자의 역할을 매우 중요시 여긴다. 사건 발생 직후에도 다음 관찰이 이어지기 때문에 종종 제대로 관찰을 하지 못하는 부분이 생길 수도 있다. 이를 예방하기 위해 관찰자는 관찰하고자 하는 행동이나 사건의 특성에 대해서 충분히 인지하고 있어야 하며 발현 즉시 기록을 남기도록 한다. 또한 관찰자가 일정한 시간 내에 관찰하고자 하는 행동이나 사건에 대한 자료를 선별적으로 수집할 수 있는 기회를 가지며, 명확한 목표를 가지고 관찰을 함으로써 자료 수집이 용이하며 쉽게 사용할 수 있다.

특히, ABC서술식 사건표집법은 어떤 행동이나 사건의 전후 맥락에 모두 초점을 맞추어 기록하고 분석하기 때문에 영유아의 특정 행동이나 사건에 대해 심도 있는 이해와 더불어 적절한 개입 및 지도방안을 구성하는 데 도움을 줄 수 있다.

한편, 빈도 사건표집법은 영유아의 특정 행동이나 사건이 얼마나 자주 출현했는지를 기록한 객관적인 정보를 바탕으로 개별화된 교수전략을 수립할 수 있다. 더불어 관찰하고자 하는 행동이나 사건에 대한 조작적 정의를 명확히 내리고, 이에 대한 범주체계를 만들어 하위요인 간 변별력을 높일 수 있게 한다.

사건표집법을 활용한 대표적인 초기 연구로는 도우(Dawe, 1934)의 보육기관 영유아들의 자유놀이시간 내 다툼에 대한 연구가 있다. 이 연구에서 도우는 다툼의 원인을 유형별로 관찰하였는데, 소유의 문제, 신체에 대한 공격, 활동에 대한 방해, 사회적 적응과 관련된 문제가 주된 원인으로 나타났다. 특히 다툼의 외현행동으로는 밀기, 당기기, 치기, 발로 차기, 발 구르기, 물건 던지기, 꼬집기가 조사되었다.

이처럼 영유아의 공격성 관련 행동이나 또래 간 갈등상황 등 행동의 발생 유무나 빈도를 확인하는 것보다 교육적이고 발달적인 도움을 제공하기 위하여 관찰이 필요하다고 판단되는 경우 더욱 유용하게 활용할 수 있는 방법이 사건표집법이다. 관찰자가 주의 깊게 관찰하고자 하는 행동이나 사건의 출현, 그 자체가 사건표지법의 주요한 내용이라 할 수 있다.

8-3 사건표집법의 장점과 단점

1) ABC서술식 사건표집법의 장점과 단점

(1) ABC서술식 사건표집법의 장점

ABC서술식 사건표집법의 장점은 다음과 같다.

첫째, 관찰행동이나 사건의 전후 맥락을 알게 해 줌으로써 관찰된 행동의 배경에 대한 정보를 얻을 수 있다.

둘째, 관찰대상에 대해 특정 행동에 대한 원인 파악이나 전조적 사건 파악을 할 수 있어서 개별화된 문제행동지도나 교수전략을 수립할 수 있다.

셋째, 관찰하고자 하는 행동이나 사건의 범위 제한이 없어 빈번하게 발생하지 않는 행동에 대해서도 연구가 가능하다.

넷째, 관찰대상 개인에 대한 질적인 정보를 제공해 준다.

다섯째, 타인이 관찰대상에 대해 막연하게 궁금증을 가지고 있던 행동이나 사건 등에 대해서 비교적 명확하게 그 이유를 알아낼 수 있다.

여섯째, 관찰하고자 하는 행동과 사건은 모두 자연스러운 상황에서 발생하기 때문에 서술식 관찰법 중 가장 편리한 유형으로 분류된다.

(2) ABC서술식 사건표집법의 단점

ABC서술식 사건표집법의 단점은 다음과 같다.

첫째, 서술식 관찰법이기 때문에 기본적으로 많은 시간과 노력이 요구된다.

둘째, 명확한 관찰 초점을 가지고 행동이나 사건을 마주하기 때문에 관찰자가 주관적으로 결론을 내리거나 관찰을 하게 될 위험이 있다.

셋째, 표본기록법에 비해 용이하지만, 사건이 일어난 전후 맥락을 파악하는 것은 쉽지 않다.

넷째, 특정 행동이나 사건이 나타나지 않을 시 관찰이 불가능하기 때문에 관찰에 소요되는 시간을 예측하는 것이 어렵다.

2) 빈도 사건표집법의 장점과 단점

(1) 빈도 사건표집법의 장점

빈도 사건표집법의 장점은 다음과 같다.

첫째, 관찰하고자 하는 행동이나 사건에 대한 범주체계가 이미 마련되어 있기 때문에 실제 관찰 시 빈도만 간단하게 기록할 수 있으며, 이에 따라 기록에 대한 소요시간이 짧아 사용하기 편리하다.

둘째, 빈도로 결과가 표시되기 때문에 수량화 및 계산이 쉬우며, 수집된 자료를 신속하게 분석하는 데 용이하다.

셋째, 관찰자가 관찰하고자 하는 행동이나 사건을 광범위하게 선정할 수 있는 융통성을 가지기 때문에 여러 가지 주제를 관찰할 수 있다.

넷째, 관찰대상 선정 시 개별부터 소집단까지 구성이 가능하기 때문에 효율적이다.

(2) 빈도 사건표집법의 단점

빈도 사건표집법의 단점은 다음과 같다.

첫째, 관찰하고자 하는 행동이나 사건에 대한 출현 여부와 빈도에 대한 정보만을 기록하기 때문에 행동이나 사건에 대한 원인을 확인하는 것에는 적합하지 않다.

둘째, 관찰하고자 하는 행동이나 사건에 대한 양적인 자료를 제공하는 것이 가능하지만, 관찰대상 개인의 질적인 정보를 제공하는 데는 어려움이 있다.

셋째, 사전에 관찰자에 의해 관찰하고자 하는 행동이나 사건의 하위요인으로 범주화되지 못한 관찰내용은 기록에 남지 못하기 때문에 정보의 손실이 발생할 수 있다.

8-4 사건표집법의 지침

사건표집법을 이용하기 위해서는 다음과 같은 관찰 지침을 고려하도록 한다.

1) ABC서술식 사건표집법의 지침

ABC서술식 사건표집법은 서술식 관찰방법이므로 객관적으로 기록이 이루어져야 하며, 관찰자의 추론과 해석은 배재되어야 한다. 관찰대상의 언어적 상호작용 내용은 직접화법으로 기록해야 하며, 관찰대상 관련정보, 관찰일시, 관찰장면 및 시간에 대한 정보 등의 기본적인 기록 지침은 그대로 따르도록 한다(이정환 · 박은혜, 2011).

ABC서술식 사건표집법의 관찰 지침은 다음과 같다.

첫째, 관찰자가 관찰하려고 목표를 삼은 행동이나 사건에 대해서 명확하게 조작적 정의를 내려야 한다. 조작적 정의의 예를 들어본다면, 관찰하고자 하는 목표 행동이 '영유아의 공격행동'일 때 이에 대한 조작적 정의는 '타인에게 위협이나 고통, 모욕을 주려는 의도를 지닌 신체적 또는 언어적 행동'으로 정의내릴 수 있다(Favell, 1981).

둘째, 관찰한 내용을 기록할 관찰양식은 관찰자가 사용하기에 쉽고 편리하게 만든다. ABC서술형 사건표집법의 경우에는 관찰하고자 하는 행동이나 사건이 일어나기 전-현재-후에 대해 상황을 상세히 묘사해야 하기 때문에 관련 내용을 충분히 기록할 수 있도록 필기 공간을 확보해야 한다. 또한 어떤 항목에 대해서 서술할 것인지에 대해 미리 용지상에 계획해 둘 필요가 있으며, 순서에 맞게 상황을 기록할 수 있도록 구성해야 한다.

셋째, 행동 특성에 대한 상세한 기록을 위해 다양한 기록 매체(녹음기, 카메라 등)를 활용한다. 더불어 기록 작업을 하는 것에 있어 정보 누락이나 오류가 있는 기록이 되지 않도록 유의한다.

2) 빈도 사건표집법의 지침

빈도 사건표집법의 관찰 지침은 다음과 같다.

첫째, 관찰하려는 어떤 행동이나 사건을 분명하게 결정한다.

둘째, 관찰하려는 행동이나 사건에 대한 조작적 정의를 내리고, 하위 행동이나 하위 사건으로 범주화한다. 기존에 범주체계가 정해져 있다면 그대로 활용하고 없다면 나름의 기준에 따라 범주화하여 조작적 정의를 내리도록 한다.

셋째, 관찰하려는 행동과 사건에 대한 조작적 정의에 대해 충분히 이해하고 언제, 어떤 장면에서 목표한 행동이나 사건이 잘 관찰될 수 있을지를 고려한다.

넷째, 미리 정해진 행동범주를 분명하고 쉽게 찾을 수 있도록 관찰양식지를 만든다. 양식은 다양한 형태로 구성될 수 있으며, 일반적으로 관찰과 관련된 기본적인 정보들을 기록하는 부분 그리고 미리 정해진 범주에 따라서 빈도를 표기하는 부분으로 나뉜다.

다섯째, 관찰을 목표한 행동이나 사건이 나타날 때를 기다렸다가 나타나면 체크(✔)로 표시하거나 세기표(/, 正 등)를 하는 등 부호화하여 기록하도록 한다.

8-5 사건표집법의 실제

1) ABC서술식 사건표집법의 예

표 8-1 영유아-영유아 간 갈등 상황 관찰

<table>
<tr><td>관찰영유아</td><td>○○○</td><td>생년월일(연령)</td><td>0000년 00월 00일(5년 5개월)</td><td>성별</td><td>남/여</td></tr>
<tr><td>관찰자(교사)</td><td colspan="2">###</td><td>관찰일자</td><td colspan="2">0000년 00월 00일</td></tr>
<tr><td>관찰시간</td><td colspan="5">09:45~10:00</td></tr>
<tr><td>관찰장소</td><td colspan="2">교실 내 흥미영역</td><td>관찰장면</td><td colspan="2">자유선택활동 시 갈등 상황</td></tr>
<tr><td colspan="2">행동이나 사건 발생 전(A)</td><td colspan="2">행동이나 사건(B)</td><td colspan="2">행동이나 사건 발생 후(C)</td></tr>
<tr><td colspan="2">○○이는 컴퓨터 영역에서 게임을 하며 ▲▲에게 "▲▲야, 우리 이 게임 같이 하자"라고 말한다.</td><td colspan="2">옆에 있던 ■■이가 ▲▲가 앉아 있던 의자를 옆으로 밀면서 "이제 나도 좀 하자!"라고 말한다. "야, 기다려. 내가 ▲▲랑 같이 게임하려고 하잖아!"라고 말하며 ■■이를 본다.
■■이가 "나도 같이 하자고!"라고 말하며 다른 영역에서 가지고 온 자신의 의자를 계속 밀어 넣는다.</td><td colspan="2">○○이는 ■■이를 보다가 "그럼, 너랑 ▲▲랑 먼저 한 번 해. 대신 다음에는 내가 ▲▲랑 할 거야!"라고 말하며 ▲▲와 ■■이가 함께 게임하는 모습을 지켜본다.</td></tr>
</table>

요약: ○○이는 자신의 의견을 언어로 적절히 표현한다.
○○이는 또래와 갈등 상황에 직면했을 시 양보를 하는 친사회적 행동을 보이며, 문제를 해결한다.

교수전략: 또래와 적극적인 상호작용을 통해 갈등 상황을 해결하려는 ○○이의 태도를 격려하도록 한다.
가정과의 연계를 통하여, ○○이의 친사회적 행동이 발달할 수 있도록 부모상담을 진행한다.

2) 빈도 사건표집법의 예

표 8-2 영유아 또래 놀이 유형 관찰

관찰영유아	○○○	생년월일	0000년 00월 00일(5년 3개월)	성별	남/여
관찰자(교사)	###		관찰일자	0000년 00월 00일	
관찰시간	10:25~10:40				
관찰장소	교실		관찰장면	흥미영역 내 또래놀이 유형	

놀이단계 유형 흥미영역	1단계 단순 병행놀이	2단계 상호인식 병행놀이	3단계 단순 사회놀이	4단계 보완적 놀이	5단계 보완적 상호놀이
언어 영역		//			
역할 영역			/		
미술 영역				/	
음률 영역	/				/
과학 영역		/	//		
쌓기 영역				/	//
수 · 조작 영역	//				

표 8-2 계속: 참고-또래놀이 척도 하위요인(Howes, 1980)

놀이단계	또래놀이 행동유형	조작적 정의
1	단순 병행놀이	영유아가 서로 근접한 곳에서 비슷한 놀이에 참여하나 서로 간 사회적 행동을 보이지 않는다.
2	상호인식 병행놀이	다른 영유아에 대한 인식을 하고 있고 활동을 함께 하려 하지만 언어적 상호작용은 나타나지 않는다.
3	단순 사회놀이	다른 영유아와 비슷한 활동을 하며 놀이하고 친구에게 놀잇감을 권하는 등의 사회적 행동이 나타난다.
4	보완적 놀이	영유아 간 협력적 활동이 조금씩 나타나며 같은 활동을 통해 놀이하지만 공유된 협력-사회적 관계는 나타나지 않는다.
5	보완적 상호놀이	사회적 관계 속에서 영유아들이 같은 활동을 하며 협력한다.

출처: 박응임 외(2019). 아동관찰 및 행동연구. 경기: 파워북 재구성.

표 8-3 영유아 기본생활습관 출현 관찰

관찰자(교사)	○○○		관찰일자	0000년 00월 00일	
관찰시간	10:40~10:55		관찰행동	기본생활습관	
관찰장소	원내 화장실/교실/현관				
기본생활 습관 / 영유아명	혼자서 화장실을 사용함	혼자서 손을 씻음	혼자서 간식/음식을 먹음	혼자서 신발을 신음	주석(메모)
AAA	☑	☑	☑	☑	4/4
BBB	☑	☑	☑	☐	3/4
CCC	☐	☐	☑	☐	1/4
DDD	☐	☐	☑	☐	1/4
EEE	☑	☑	☑	☐	3/4
FFF	☑	☑	☑	☑	4/4
GGG	☑	☐	☑	☐	2/4

표 8-4 영유아 일탈 행동 출현 관찰

관찰영유아	○○○	생년월일	0000년 00월 00일(4년 2개월)	성별	남/여
관찰자(교사)	###(부담임)				
관찰시간	09:30~12:10	관찰장소	원내 교실-이동 통로		
관찰행동	일과시간 중 외부장소로의 일탈 행동(장소이동 중심)				
관찰일자	0000년 3월 25일(◆), 4월 3일(♣), 4월 11일(♠)				

관찰행동 / 시간	1F 비상출구로 이동	2F 계단으로 이동	2F 출입문으로 나감	3F 계단으로 이동	3F 출입문으로 나감
09:30	◆/♠♠♠				
10:00	◆	♣♣		♣/♠	♠
10;30		◆			
11:00	♣	◆ (계단에 앉음)	◆		
11:30		♠	♠		
⋮					

표 8-5 자유선택활동 시간 내 교사 역할 유형 관찰

관찰대상(평교사)	###		관찰장소	교실(만4세)	
관찰행동	자유선택활동 시간 내 교사역할				
관찰일자	0000년 00월 00일		관찰시간	10:20~10:55	
관찰자(원감)	○○○				

흥미영역 / 역할 유형	언어	수 · 조작	음률	역할	쌓기	…
환경구성/정비					/	
둘러보기	/	/	/	/	/	
정보 구하기		/				
참여 유도	/	/				
유지				/	/	
칭찬/격려	/	/	/	/	/	
참여		/				
방향 재지시			/			
시범	/		//			
교수			/			
일상적인 대화	/	/	/	/	/	
갈등 해결		/			/	
정리정돈				/	/	
부인						
기타						
역할없음 (교실이탈)						
총 빈도	5	7	7	5	7	

표 8-5 계속-교사 역할 유형에 대한 조작적 정의

환경구성/정비	놀이자료 첨가 또는 놀이환경 재구성에 도움을 제공
둘러보기	영유아들의 놀이를 둘러보고 감(별도의 상호작용 없음)
정보 구하기	영유아에게 현재 어떤 놀이를 누구와 어떻게 하고 있는지 정보만 구함
참여 유도	영유아가 해당 영역에서 놀도록 유도함
유지	현재 진행 중인 놀이가 지속되도록 보조하고 도움
칭찬/격려	영유아의 놀이과정, 행동, 성취에 대해 칭찬하고 격려함
참여	영유아의 놀이에 영유아와 동등한 수준으로 참여해 놀이함
방향 재지시	놀이가 정체되거나 중단되었을 시, 새로운 요소를 첨가하여 놀이의 활성화를 도움
시범	교사가 직접 시범을 보임
교수	놀이 관련 사실, 개념, 과정 등을 직접 설명하고 가르침
일상적인 대화	영유아와 일반적인 대화를 나눔(놀이 주제와 상관없음)
갈등 해결	해당 영역에서 발생한 영유아들 간 갈등 상황 해결에 도움을 줌
정리정돈	놀이를 마칠 때 영유아들이 정리를 할 수 있도록 안내
부인	"그만해.", "안 돼." 등의 말을 함
기타	위 항목 이외의 역할 유형이 관찰되면 기록

출처: 전정민 외(2018). 아동관찰 및 행동연구. 서울: 학지사 재구성.

CHAPTER

9

포트폴리오

CHAPTER

9 포트폴리오

9-1 포트폴리오의 정의

포트폴리오(portfolio)는 자료 묶음이나 서류가방을 나타내는 것으로 개인의 특정 기술이나 아이디어, 흥미 또는 성과물 등을 담아두거나 보관하는 뜻의 어원인 'folio'에서 파생되었다. 포트폴리오는 오래전부터 미술, 문학, 의류 분야에서 활용된 어휘로 작업이나 수행의 결과 또는 작품 등을 모아 놓은 것들을 지칭한다.

최근 유아교육 현장에서는 포트폴리오를 교육현장의 구조화된 검사 도구 중심의 평가를 지양하고 비형식적이고 대안적인 평가의 방식으로 적극적으로 활용하여 큰 관심을 모으고 있다(황해익 외, 2009). 그리고 포트폴리오 평가를 통해 유아의 활동결과물, 관찰 자료, 기록물 등을 수집하고 이에 근거하여 영유아의 학습 및 발달 상태를 평가함으로써 교육을 개발화하고, 교육과정에 반영하는 평가의 한 유형으로 활용하고 있다

(Shaklee, Barbour, Ambrose & Hansford, 1997).

포트폴리오 평가는 교육목표, 교육과정, 유아발달 이론과 발달과업 등에 대한 이해를 토대로 그 내용물을 신중하게 선정하고 이를 일정한 평가 준거에 비추어 분석, 해석하여 영유아를 이해하고, 개별화하는 교육에 활용하는 것이다(이진희 · 이선영, 2015).

9-2 포트폴리오의 특성 및 유형

평가의 특성 및 유형을 살펴보면 다음과 같다.

1) 포트폴리오의 특성

포트폴리오의 특성은 다음과 같다.

첫째, 포트폴리오는 영유아의 변화 과정을 보여주며, 평가과정에서 교사뿐만 아니라 영유아도 적극적인 참여를 시킨다.

둘째, 포트폴리오는 상대적인 비교, 평가가 아닌 개별평가로 이루어진 개별화 평가이며, 개별화 수업에 쉽게 적용할 수 있다.

셋째, 포트폴리오는 교사와 유아에게 자기반성의 기회를 준다.

넷째, 포트폴리오는 적어도 한 학기 이상의 지속적인 시간이 필요하며, 평가에 소요되는 시간은 길다.

2) 포트폴리오의 유형

포트폴리오 평가는 수집되는 자료의 유형, 수집 주체 등에 따라 다양한 기준으로 구분하고 있다. 포트폴리오 평가의 유형은 다음과 같다.

(1) 제작목적에 따른 분류

① 전시 포트폴리오

영유아가 최고로 잘한 것 혹은 가장 좋아하는 작품을 중심으로 포트폴리오를 제작한다.

② 평가 포트폴리오

대부분 구체화되고 채점된 자료를 포함한다.

③ 기록 작업 포트폴리오

각 영유아에 대한 포괄적인 기술을 하기 위해 선정된 영유아의 작품이나 진보 상황에 대한 증거자료를 중심으로 제작한다.

④ 과정 포트폴리오

영유아의 작품 등을 기록하고 평가한 것으로 큰 프로젝트를 위해 진행 중인 작업을 중심으로 제작한다.

(2) 활동과정의 수준에 따른 분류

① 전시 포트폴리오

영유아의 대표 작품이나 가장 우수한 작품, 수행 등을 나타내는 작품으로 전시를 위한 작품을 장기적으로 수십한다.

② 과정 포트폴리오

영유아의 학습에서의 발달 및 진보과정을 나타내는 작품으로 구성한다. 특정 학습활동을 진행하면서 완성 또는 미완성 작품을 수집한다.

③ 결합 포트폴리오

전시 작품과 과정적 작품들로부터 선택된 작품을 수집한다.

(3) 내용의 질적 수준에 따른 분류

① 수준 미달 포트폴리오

일정한 원칙 없이 영유아의 작품을 무조건 수집해 놓은 것으로 학습이 어떻게 이루어졌는지에 대한 설명 없이 학습과제에 대한 영유아의 이해가 충분하지 않다.

② 초보적 포트폴리오

포트폴리오의 목적과 교사의 의도를 약간 파악하고 그에 따라 작품을 수집한 것으로 학습이 이루어진 것으로 영유아에 관한 총괄적인 모습이 충분하지 않다.

③ 정상적 포트폴리오

포트폴리오에 수집된 작품들의 관계와 내용을 올바르게 파악하고, 작품 선정 이유를 정확히 표현한 포트폴리오이다. 포트폴리오를 통하여 영유아들을 평가할 수 있고, 영유아 스스로도 자신을 평가할 수 있다.

④ 완숙한 포트폴리오

영유아가 포트폴리오의 목적을 정확하게 파악하고 수집한 작품들의 내용과 목적을 정확하게 파악할 수 있다. 평가자가 영유아의 학습 정도와 전반적인 발달과 성장에 관한 판단을 정확히 내릴 수 있다.

(4) 사용 방법에 따른 분류

① 개인 포트폴리오

자료 수집은 교사에 의해 이루어지고, 수집된 자료는 비밀이 보장되어야 한다. 수집된 영유아 개인의 정보(관찰일지, 부모면담 기록, 가정 환경조사서)는 수집과 보관에 각별한 유의가 필요하다.

② 학습 포트폴리오

교사와 영유아가 가장 빈번하게 사용하는 유형으로 교육활동 과정에서 영유아가 생산한 다양한 작품, 일지, 쓰기 자료, 자기반성물 등으로 자료의 대상이 된다. 학습포트폴리오의 수집은 영유아와 교사 모두가 될 수 있으나 영유아 스스로 자료를 수집할 때 자기주도성과 자기 반영을 높일 수 있다.

③ 인수 포트폴리오

영유아가 1년 동안의 대표적인 작품을 정리하고 유아의 전반적인 발달 수준에 대한 교사의 기록 등을 포함한다. 인수 포트폴리오는 유아가 새로운 반으로 진급할 때 새로운 교사가 유아에 대해 참고할 수 있는 자료를 정리한 것이다.

9-3 포트폴리오 평가의 장점과 단점

포트폴리오 평가의 장점과 단점은 다음과 같다.

1) 포트폴리오 평가의 장점

첫째, 영유아의 자기평가 및 타인평가의 기술이 발달한다. 포트폴리오에서의 반영과 평가경험은 영유아들에게 필요한 자기평가 기술을 얻고 다른 사람들에 대한 평가가 더 잘 전달하도록 한다.

둘째, 영유아가 자신의 작품을 선택하고 이전 작품에 대해 반성하면서 자신의 진보를 확인할 수 있으므로 자랑스러움과 자존감 형성에 긍정적 도움이 된다.

셋째, 포트폴리오 평가는 매일의 친숙한 환경 속에서 평가받고 있다는 것을 느끼지 않는 상태에서 평가가 이루어진다. 이러한 평가의 결과는 교수과정을 계획하고 수정하는 데 바로 활용될 수 있다.

넷째, 포트폴리오 평가는 영유아가 무엇을 할 수 없는가에 대해서가 아니라 무엇을 할 수 있는가에 관심을 갖게 해 주며, 영유아의 장점에 초점을 맞춘다.

다섯째, 영유아의 연령과 발달 수준, 발달영역 등 여러 요인 및 상황에 따라 포트폴리오가 어떻게 조직되고 이용되는지가 달라질 수 있다. 따라서 개별 영유아에게 가장 적절하고, 정밀하고, 완전하며, 발달적으로 적합한 평가를 실시할 수 있다.

여섯째, 영유아에 대해 가장 많은 정보를 가지고 있는 부모가 평가의 과정에 참여할 때 영유아에 대한 이해를 높이고 교육의 효과를 증진시킬 수 있다. 교사-부모 협의회에서도 유용하게 사용될 수 있으며 교육의 효과를 증진시킨다.

2) 포트폴리오 평가의 단점

첫째, 포트폴리오 평가는 수집과 정리의 비용과 시간이 많이 소요된다.

둘째, 포트폴리오 평가는 포트폴리오 평가의 목적이나 방법에 대한 이해가 선행되지 않으면 단순히 영유아의 작품들을 모아둔 자료집에 불과하게 된다. 영유아들의 작품을 기록 보관에만 치중하게 되면 영유아의 학습과정이 한쪽으로 치우칠 수 있다.

셋째, 결과물을 수집하고 평가하는 과정에서 교사의 주관과 편견이 작용할 가능성이 많다.

넷째, 포트폴리오 평가를 하고자 할 때는 개별 영유아들의 작품을 모아서 검토하고 기록하고, 토의하여 포트폴리오에 넣을 항목이나 정보에 대한 결정을 한다. 따라서 영유아의 작품을 수집하고 조작할 수 있는 상자나 파일 등의 결과물을 보관할 충분한 공간이 필요하다.

다섯째, 자료 수집과 평가의 과정에 교사의 판단과 주관이 개입되고, 또 교사마다 관점이 다르기 때문에 같은 영유아에 대하여도 전혀 다른 작품을 수집하고 전혀 다른 평가를 내릴 가능성도 배제할 수 없다. 따라서 포트폴리오 수집의 준거가 불분명할 수 있다.

9-4 포트폴리오 평가의 방법 및 절차

포트폴리오 평가는 비형식적인 평가이므로 방법과 절차가 정해져 있지 않다. 일반적으로 제시하고 있는 포트폴리오 평가는 계획, 실행, 평가 및 활용의 3단계의 절차를 거친다.

1) 계획단계

포트폴리오 평가에서 계획은 매우 중요하다. 만일 충분한 계획 없이 포트폴리오 평가를 진행할 때 평가활동이라기보다 단순한 자료 수집 활동이 될 가능성이 많다. 일반적으로 계획단계에서는 포트폴리오 평가를 실시하는 목적, 구성내용 선정, 수집방법 계획, 활용방법, 평가준거선정, 내용물, 참여자에 대한 안내 등을 결정한다. 즉, 포트폴리오 평가를 성공적으로 실시하기 위해서는 포트폴리오 평가와 관련한 모든 참여자들의 이해와 도움이 결정적이기 때문에 참여자들에게 포트폴리오 평가에 대한 연수 및 오리엔테이션을 하는 것은 필수적이다.

2) 실행단계

포트폴리오 평가의 실행단계는 실제자료를 수집하고 조직화하는 단계이다. 계획을 효율적으로 수행하기 위해서는 영유아의 다양한 활동 자료와 결과물, 교사의 관찰 기록물, 부모의 의견, 교사-부모 협의기록 및 가정에서 보내준 영유아에 대한 정보 등 평가 자료를 체계적으로 수집해야 한다.

(1) 보관함과 내용 목차 준비하기

포트폴리오 평가에서는 개별 영유아마다 다양한 작품 및 활동 결과물들을 수집하고 보관하기 위해서 바인더, 아코디언 파일, 서류 봉투, 뚜껑이 있는 상자, 스크랩북 등 기관의 실정에 맞추어 준비한다.

포트폴리오 내용 목차는 포트폴리오의 구성 내용물을 쉽게 파악할 수 있도록 내용물에 대한 목차를 준비하면 좋다. 수집 자료의 영역, 수집 날짜, 자료 형태 등을 기록한다.

표 9-1 포트폴리오 내용 목차 예

번호	영역	내용	날짜 (형태)	날짜 (형태)	날짜 (형태)	날짜 (형태)	날짜 (형태)
1	신체운동건강	신체활동 즐기기	6/5 (동영상)				
		건강하게 생활하기					
		안전하게 생활하기					
2	의사소통	듣기와 말하기					
		읽기와 쓰기에 관심 가지기					
		책과 이야기 즐기기					
3	사회관계	나를 알고 존중하기					
		더불어 생활하기					
		사회에 관심 가지기					
4	예술경험	아름다움 찾아보기					
		창의적으로 표현하기	6/15 (사진)				
		예술 감상하기					
5	자연탐구	탐구과정 즐기기					
		생활 속에서 탐구하기	6/20 (그림)				
		자연과 더불어 살기					
6	기타						

(2) 작업 표본 수집하기

작업 표본은 영유아가 활동과정에서 영유아가 만든 다양한 결과물을 의미한다. 포트폴리오 평가에서 가장 일반적이며 중요한 요소이다. 영유아가 쓴 글과 그림, 읽은 책의 목록, 영유아의 사진, 영유아가 발화한 내용, 협동 작품, 기관 이외의 장소에서의 활동한 결과물 등 이 모든 것이 작업 표본이 될 수 있다. 교사는 영유아에게 포트폴리오 내용 구성을 위해 인위적이거나 조작적인 과제를 요구해서는 안 된다.

표 9-2 작업표본(인물화)의 예1

<table>
<tr><td>원아명</td><td colspan="2"></td><td>생년월일</td><td colspan="2"></td></tr>
<tr><td rowspan="2">성별</td><td colspan="2" rowspan="2"></td><td rowspan="2">관찰일</td><td>1차</td><td></td></tr>
<tr><td>2차</td><td></td></tr>
</table>

<table>
<tr><td rowspan="8">내용</td><td colspan="2">내용</td><td>1차</td><td>2차</td></tr>
<tr><td>1</td><td>다양한 선들로 끼적거리기를 한다.</td><td></td><td></td></tr>
<tr><td>2</td><td>두족인처럼 머리에서 바로 팔, 다리가 연결되게 표현한다.</td><td></td><td></td></tr>
<tr><td>3</td><td>일자형 인물로 팔, 다리를 선으로 표현한다.</td><td></td><td></td></tr>
<tr><td>4</td><td>강조표현이 나타나며 팔, 다리를 면으로 표현한다.</td><td></td><td></td></tr>
<tr><td>5</td><td>완전한 사람의 형태가 나타나며 세부적으로 신체부분들을 표현한다.</td><td></td><td></td></tr>
<tr><td>6</td><td>사람의 팔, 다리에서 동작적 요소가 나타난다.</td><td></td><td></td></tr>
<tr><td>7</td><td>동작적 표현이 세분화되고 세련되어져 나타난다.</td><td></td><td></td></tr>
<tr><td rowspan="2">작업
표본</td><td colspan="2"></td><td colspan="2"></td></tr>
<tr><td colspan="2">1차</td><td colspan="2">2차</td></tr>
<tr><td>해석</td><td colspan="4"></td></tr>
</table>

출처: 신성경 외(2015). 아동관찰 및 행동연구. 경기: 공동체 재수정.

표 9-3 면담 시 사용된 기록지의 예

면담대상	심○○	연령	만5세	성별	남
면담일	2019년 9월 10일	면담자	○○○		

요리활동 후 면담한 내용

질문

1. 무엇이 가장 재미있었나요?
   쌀가루로 동글 동글하게 송편 만든 것.

2. 무엇이 가장 힘들었나요?
   손에 소가 자꾸 묻어서 손이 자꾸 더러워져서 떼어내는 게 힘들었어요.

3. 무엇을 알게 되었나요?
   송편을 예쁘게 잘 만드는 방법을 알게 되었어요.
   집에 가서 엄마한테도 알려주고 싶어요.

면담 시 주의점

면담을 할 때는 유아의 수준에 맞추어 질문을 하며, 면담을 진행하면서 동시에 기록하고 녹음 또는 녹화도 할 수 있다.

표 9-4 면담 시 사용된 기록지의 예2

<table>
<tr><td>면담대상</td><td>심○○</td><td>연령</td><td>만4세</td><td>성별</td><td>남</td></tr>
<tr><td>면담일</td><td>2019년 10월 6일</td><td>면담자</td><td colspan="3">○○○</td></tr>
<tr><td colspan="6">견학 활동 후 면담한 내용</td></tr>
<tr><td colspan="2">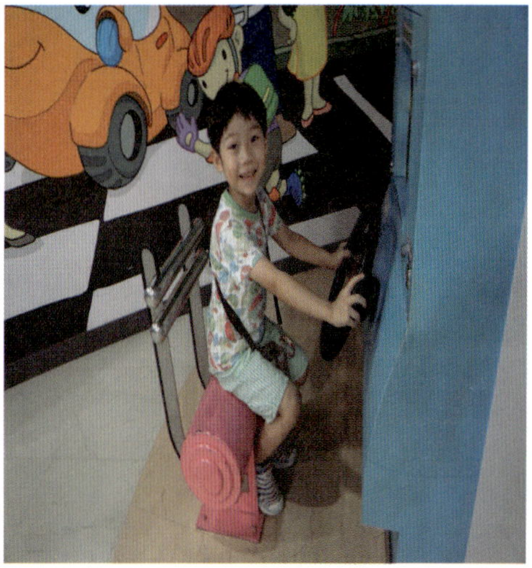</td><td colspan="4">질문
1. 무엇이 가장 재미있었나요?
자동차 운전하는 게 제일 재미있었어요.

2. 무엇이 가장 힘들었나요?
신호등을 건널 때 신호등이 깜빡깜빡거리는 데 빨리 지나가야 돼서 가슴이 쿵쾅 거렸어요.

3. 무엇을 알게 되었나요?
길을 안전하게 건너는 방법을 알게 되었어요.

4. 견학 가보고 싶은 곳이 있나요?
수목원 가고 싶어요.</td></tr>
</table>

표 9-5 학습활동 기록지 예

학습활동 기록지

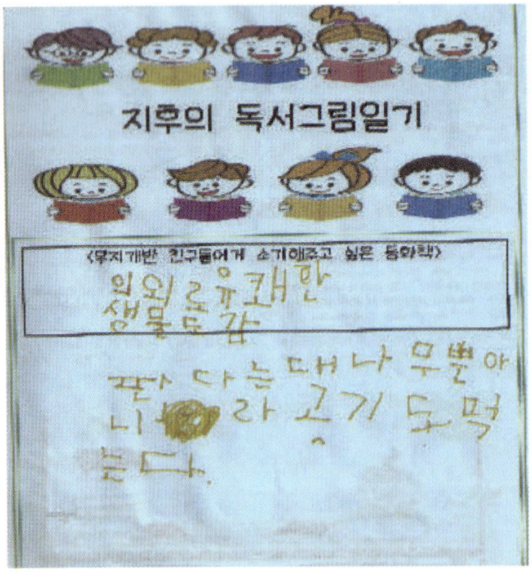

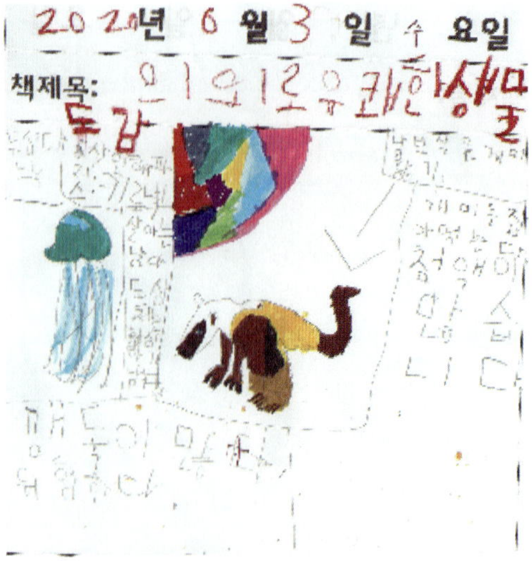

독서 그림일기

표 9-6 작업표본(쓰기평가)의 예

<table>
<tr><td>원아명</td><td colspan="3"></td><td>생년월일</td><td colspan="3"></td></tr>
<tr><td rowspan="2">성별</td><td rowspan="2" colspan="3"></td><td rowspan="2">관찰일</td><td>1차</td><td colspan="2"></td></tr>
<tr><td>2차</td><td colspan="2"></td></tr>
<tr><td rowspan="9">내용</td><td colspan="4">내용</td><td colspan="2">1차</td><td>2차</td></tr>
<tr><td>1</td><td colspan="3">끼적거리기 단계</td><td colspan="2"></td><td></td></tr>
<tr><td>2</td><td colspan="3">한두 개의 자형이 우연히 나타나는 단계</td><td colspan="2"></td><td></td></tr>
<tr><td>3</td><td colspan="3">자형이 의도적으로 한두 개 나타나는 단계</td><td colspan="2"></td><td></td></tr>
<tr><td>4</td><td colspan="3">글자의 형태가 나타나고 가끔 자·모음의 방향이 틀리거나 부분적으로 틀린 단계</td><td colspan="2"></td><td></td></tr>
<tr><td>5</td><td colspan="3">완전한 단어 형태가 나타나고 자·모음의 방향이 틀리거나 글자가 부분적으로 틀린 단계</td><td colspan="2"></td><td></td></tr>
<tr><td>6</td><td colspan="3">완전한 단어 형태가 나타나고 자·모음의 방향이 정확한 단계</td><td colspan="2"></td><td></td></tr>
<tr><td>7</td><td colspan="3">문장형태가 나타났으나 부분적으로 틀린 단계</td><td colspan="2"></td><td></td></tr>
<tr><td>8</td><td colspan="3">틀린 글자가 없이 완전한 문장의 형태가 나타나는 단계</td><td colspan="2"></td><td></td></tr>
<tr><td rowspan="2">작업
표본</td><td colspan="3"></td><td colspan="4"></td></tr>
<tr><td colspan="3">1차</td><td colspan="4">2차</td></tr>
<tr><td>해석</td><td colspan="7"></td></tr>
</table>

* 쓰기의 표본은 유아의 쓰기활동 과정을 보여주며, 유아의 쓰기 능력을 향상시키기 위해 아주 유용한 정보가 되며, 쓰기 지도에 활용할 수 있다.

표 9-7 사진 포트폴리오 양식 예

<table>
<tr><td>관찰대상</td><td></td><td>연령</td><td>만4세</td><td>성별</td><td></td></tr>
<tr><td>관찰일</td><td colspan="2">년 월 일</td><td>관찰자</td><td colspan="2"></td></tr>
<tr><td>관찰장면</td><td colspan="2"></td><td>관찰시간</td><td colspan="2"></td></tr>
<tr><td rowspan="2">사진기록
및
장면 설명</td><td colspan="5">〈사진 첨부〉</td></tr>
<tr><td colspan="5">〈장면 설명〉</td></tr>
<tr><td>해석 및
지도방안</td><td colspan="5"></td></tr>
</table>

(3) 관찰과 기록하기

포트폴리오 평가를 위한 자료에는 영유아의 다양한 결과물과 교사의 관찰 자료가 포함된다. 일화기록, 평정척도, 발달체크리스트, 검사지 등을 통해 영유아의 발달 특징에 대한 자료를 수집할 수 있다. 수집한 관찰 자료는 유아의 학습활동 포트폴리오에 넣기보다는 개별 영유아의 개인 정보를 수집해 두는 별도의 파일에 정리해 두는 것이 좋다.

(4) 자기평가 및 조언 자료 수집하기

영유아의 활동에 대한 자기 반영의 기록, 또래의 조언과 피드백, 부모와 가정에서의 조언과 의견 등 활동에 대한 반영 및 조언 자료를 수집한다. 이것은 평가 과정에서 영유아뿐 아니라 유아와 관련된 다른 구성원들이 참여할 수 있는 것으로 포트폴리오 평가의 주요 특징 중 하나이다.

교사는 활동을 한 후 반 영유아들과 함께 친구의 활동 결과에 대해 함께 이야기 나눌 수 있는 시간을 갖고 이에 대해 영유아의 발화들 기록하여 그 자료를 수집할 수 있다. 활동 결과물을 가정에 보내어 부모부터 받은 의견을 수립할 수 있도록 특정 양식을 만들어 가정과 연계할 수 있다.

표 9-8 유아용 자기 평가 양식의 예

<table>
<tr><td>관찰대상</td><td colspan="2"></td><td>연령</td><td></td><td>성별</td><td></td></tr>
<tr><td>관찰일</td><td colspan="3">년 월 일</td><td>관찰자</td><td colspan="2"></td></tr>
<tr><td>작품명</td><td colspan="3"></td><td>관찰시간</td><td colspan="2"></td></tr>
<tr><td colspan="7">기록</td></tr>
<tr><td>자기 작품 평가</td><td colspan="6">• 무엇인지 이야기해 줄 수 있겠니? (그림, 조형, 꾸미기 등)
• 잘된점
• 보완 및 수정하고 싶은 점
• 이유</td></tr>
</table>

표 9-9 학부모 참여(조언자료) 포트폴리오 평가의 예

○○○의 유치원 생활

연령: 만 세

관찰기간: 20 년 3월~6월

ㅇㅇ유치원에서는 만4세 유아에게 필요한 기본 능력과 소양을 기를 수 있는 내용으로 누리과정 5개 영역-신체운동 · 건강, 의사소통, 사회관계, 예술경험, 자연탐구—을 균형 있게 통합적으로 편성 · 운영하고 있습니다.

누리과정 5개 영역 중 『사회관계』에서 만4세 유아들은 학기초부터 새롭게 만난 친구를 알고 친구를 사귀어 협력하여 놀이하며 유치원 생활 속에서 기쁨을 느낍니다. 또한 나와 친구의 의견에 차이가 있음을 알고 긍정적으로 해결하고 놀잇감을 나누어 쓰거나 순서를 바꾸어가며 양보하여 놀이하기를 통해 서로 배려하고 협동하는 관계를 형성하고 있습니다.

교사는 칭찬과 격려로 유아를 지원하고 3월~6월 사랑반에서 만나 함께 지내는 친구들과의 관계를 의미 있게 바라보고자 합니다.

유치원에서 …♥

학기초에도 사랑반의 환경에 잘 적응하고 주변을 민감하게 탐색하던 ○○이는 스스로 놀이를 계획하고 선택할 때 자신의 감정을 잘 조절하고 활동에 참여합니다. 친구들과의 놀이상황에서도 주도적으로 활동하며 ○○이, ○○이 등 모든 친구들과 원만한 관계를 형성하고 있습니다. 또한 이야기 주제에 대해 표현하는 것을 좋아하고 '버스놀이, 엘사놀이, 병원놀이, 버스놀이'등 친구들에게 놀이를 제안하여 놀면서 재미있는 생각을 주고 받기도 합니다. 놀이시간에 도움을 주거나 도움을 받았을 때는 **"고마워. 이제 다음엔 너부터 해."** 라며 성숙한 태도와 말로 표현합니다. 가정에서도 많은 지원 부탁드립니다.

가정에서 …♥

3) 평가 및 활용 단계

평가 및 활용 단계는 실행단계에서 수집한 자료를 바탕으로 포트폴리오 요약서를 준비하며 포트폴리오 협의회를 개최한다. 완성된 포트폴리오를 관련 구성원들과 공유하고 수집된 자료들을 토대로 교육과정을 평가하며 유아의 사고와 발달을 이해하는 데 활용하는 단계이다.

(1) 요약서 준비

포트폴리오 요약서는 한 학기 혹은 일 년 동안 포트폴리오에 수집된 자료들의 내용을 요약하여 서술문으로 작성한 것이다. 교사는 방대한 양의 자료들을 체계적으로 파악하고 발달 영역별 혹은 표준보육과정별로 편집하여 시간의 흐름에 따라 정리해야 한다.

표 9-10 포트폴리오 요약서의 예

유아명		연령(성별)		기록일	

발달영역	내용
신체운동 · 건강	
의사소통	
사회관계	
예술경험	
자연탐구	
기타	
총평	

부모님 의견	

(2) 협의회 실시

포트폴리오 협의회는 부모, 유아, 교사의 만남 시에 포트폴리오를 기초로 상호작용하는 것을 의미한다. 포트폴리오 협의회는 주기적 혹은 비주기적으로 실시할 수 있다. 학년 말 포트폴리오 협의에서 교사나 부모는 포트폴리오 요약서를 토대로 영유아에 대한 정보를 공유하고 요약서의 내용을 수정할 수도 있으며, 최종 평가 포트폴리오에 넣은 항목들을 유아, 교사, 학부모가 협의하여 선정한다.

(3) 포트폴리오 전시회 및 인수 포트폴리오 준비하기

포트폴리오 전시회는 영유아와 관련된 학부모 및 가족, 동료 교사, 행정가 등과 포트폴리오 결과를 공유하기 위한 것이다.

교사와 영유아가 협의하여 소개하고 싶은 결과물을 소개할 수 있다. 대표적인 결과물만을 선별할 경우, 교사는 선택한 이유와 선택의 중점 사항 등을 질문한다.

CHAPTER

10

2019 개정 누리과정 기반으로 한 평가와 실제

CHAPTER

10 2019 개정 누리과정 기반으로 한 평가와 실제*

10-1 2019 개정 누리과정

유치원교육과정은 1969년 최초로 국가 수준 교육과정으로 제정, 공포된 이후 여러 차례의 개정을 거쳐 「2007 개정 유치원 교육과정」으로 이어졌다. 한편 표준보육과정은 2007년 최초로 고시, 시행되었다. 이후 유치원에서는 유치원교육과정을, 어린이집에서는 표준보육과정을 운영하였으나, 이원화된 운영체제를 정비해야 할 필요성이 제기되었다.

교육부는 국정과제 구현과 출발선 평등 실현을 위해 2017년 12월 '유아교육 혁신방안'을 발표하였다. '유아교육 혁신방안'의 주요 내용으로 '유아가 중심이 되는 놀이 위주의 교육과정 개편'이 명시되었다. 이에 유아 · 놀이 중심 교육과정 개편 방향을 반영하

* 10장의 이론부분은 2019 개정누리과정 해설서 및 놀이실행자료의 내용을 발췌하여 재구성하였고 실제 사례의 경우 계명문화대학교부설어린이집의 2020학년도 교육 자료를 활용하였음.

여 2019년 7월, 「2019 개정 누리과정」이 고시되었다. 「2019 개정 누리과정」은 유치원과 어린이집에 다니는 3~5세 유아에게 공통으로 적용되는 교육과정으로 2020년 3월부터 시행되고 있다.

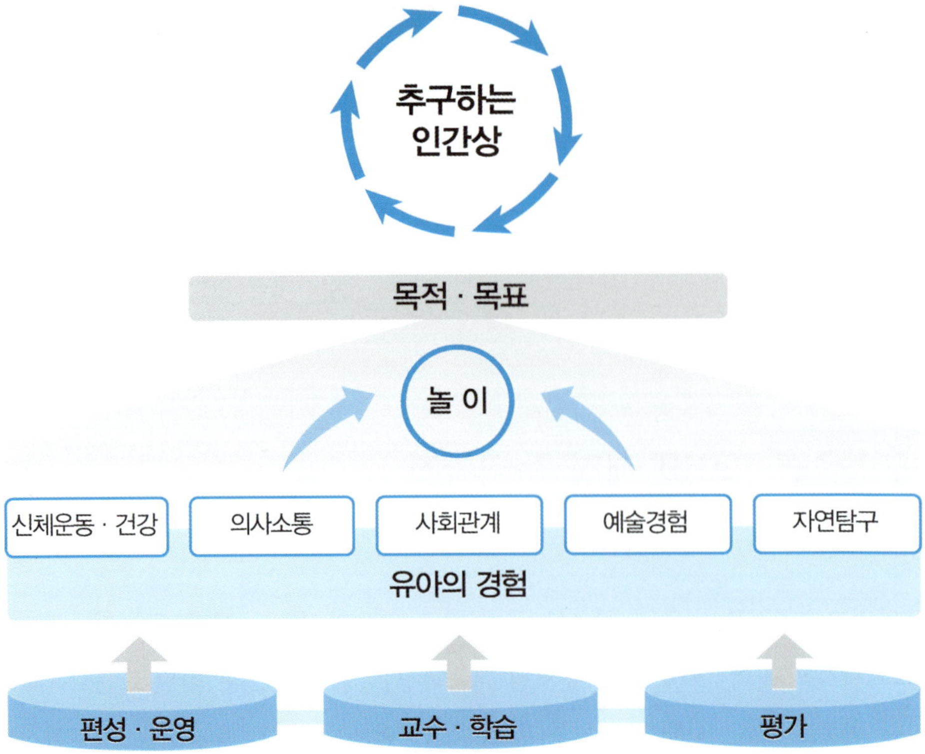

1) 영역별 목표 및 내용

(1) 신체운동 · 건강

유아는 몸을 움직여 놀이하는 것을 좋아하며, 자신의 몸을 건강하고 안전하게 지키고자 하는 힘을 가지고 있다. 신체운동 · 건강 영역은 유아가 자신의 몸에 관심을 가지고 신체활동에 즐겁게 참여하며, 건강하고 안전한 생활을 해 나가는 다양한 경험과 관련된 내용이다. 교사는 유아가 몸을 충분히 움직이는 경험을 통해 신체활동의 즐거움을 느끼고 기초 체력을 키우도록 돕고 유아가 일상에서 건강하고 안전한 생활을 실천할 수 있도록 지원할 수 있다.

① 목표

실내 · 외에서 신체활동을 즐기고, 건강하고 안전한 생활을 한다.

㉠ 신체활동에 즐겁게 참여한다.
㉡ 건강한 생활습관을 기른다.
㉢ 안전한 생활습관을 기른다.

② 내용

내용범주	내용
신체활동 즐기기	신체를 인식하고 움직인다.
	신체 움직임을 조절한다.
	기초적인 이동운동, 제자리 운동, 도구를 이용한 운동을 한다.
	실내외 신체활동에 자발적으로 참여한다.
건강하게 생활하기	자신의 몸과 주변을 깨끗이 한다.
	몸에 좋은 음식에 관심을 가지고 바른 태도로 즐겁게 먹는다.
	하루 일과에서 적당한 휴식을 취한다.
	질병을 예방하는 방법을 알고 실천한다.
안전하게 생활하기	일상에서 안전하게 놀이하고 생활한다.
	TV, 컴퓨터, 스마트폰 등을 바르게 사용한다.
	교통안전 규칙을 지킨다.
	안전사고, 화재, 재난, 학대, 유괴 등에 대처하는 방법을 경험한다.

(2) 의사소통

유아는 다른 사람의 말을 주의 깊게 듣고 자신의 생각과 느낌을 다양한 방법으로 표현하며 소통하는 것을 즐기고, 책과 이야기에 관심을 갖는다. 의사소통 영역은 유아가 다른 사람과 소통하며, 일상에서 만나는 글자나 상징에 관심을 가지고 책과 이야기를 즐기는 경험과 관련된 내용이다. 교사는 유아가 자신의 느낌과 생각을 적절하게 말하는 경험을 통해 바른 언어생활을 할 수 있도록 돕는다. 또한 유아가 아름다운 우리말이 담긴 책과 이야기에 흥미를 가지고 언어가 주는 재미와 상상을 충분히 즐길 수 있도록 지원할 수 있다.

① 목표

일상생활에 필요한 의사소통 능력과 상상력을 기른다.

㉠ 일상생활에서 듣고 말하기를 즐긴다.
㉡ 읽기와 쓰기에 관심을 가진다.
㉢ 책이나 이야기를 통해 상상하기를 즐긴다.

② 내용

내용범주	내용
듣기와 말하기	말이나 이야기를 관심 있게 듣는다.
	자신의 경험, 느낌, 생각을 말한다.
	상황에 적절한 단어를 사용하여 말한다.
	상대방이 하는 이야기를 듣고 관련해서 말한다.
	바른 태도로 듣고 말한다.
	고운 말을 사용한다.

내용범주	내용
읽기와 쓰기에 관심 가지기	말과 글의 관계에 관심을 가진다.
	주변의 상징, 글자 등의 읽기에 관심을 가진다.
	자신의 생각을 글자와 비슷한 형태로 표현한다.
책과 이야기 즐기기	책에 관심을 가지고 상상하기를 즐긴다.
	동화, 동시에서 말의 재미를 느낀다.
	말놀이와 이야기 짓기를 즐긴다.

(3) 사회관계

유아는 자신을 소중히 여기고 주변 사람과 관계를 맺어나가며 다른 사람을 배려하고 존중한다. 유아는 자신이 살고 있는 사회와 세상에 대해 알고 싶어 한다. 사회관계 영역은 유아가 자기 자신과 다양한 삶의 모습을 이해하고, 다른 사람과 더불어 살아가기 위해 필요한 의미있는 경험과 관련된 내용이다. 교사는 유아가 자신을 소중하고 가치 있는 사람으로 여기며 다른 사람과 더불어 살아가는 방법을 익히도록 돕는다. 또한 유아가 자신이 속한 사회와 주변 세계에 대해 관심을 가지고 적응해 나갈 수 있도록 지원할 수 있다.

① 목표

자신을 존중하고 더불어 생활하는 태도를 가진다.

㉠ 자신을 이해하고 존중한다.

㉡ 다른 사람과 사이좋게 지낸다.

㉢ 우리가 사는 사회와 다양한 문화에 관심을 가진다.

② 내용

내용범주	내용
나를 알고 존중하기	나를 알고 소중히 여긴다.
	나의 감정을 알고 상황에 맞게 표현한다.
	내가 할 수 있는 것을 스스로 한다.
더불어 생활하기	가족의 의미를 알고 화목하게 지낸다.
	친구와 서로 도우며 사이좋게 지낸다.
	친구와의 갈등을 긍정적인 방법으로 해결한다.
	서로 다른 감정, 생각, 행동을 존중한다.
	친구와 어른께 예의 바르게 행동한다.
	약속과 규칙의 필요성을 알고 지킨다.
사회에 관심 가지기	내가 살고 있는 곳에 대해 궁금한 것을 알아본다.
	우리나라에 대해 자부심을 가진다.
	다양한 문화에 관심을 가진다.

(4) 예술경험

유아는 일상에서 아름다움과 경이감을 느끼고 즐기며 표현하는 풍부한 감성을 가진 존재이다. 예술경험 영역은 유아가 자연, 생활, 예술에서 아름다움을 찾아보고 느끼며, 다채롭고 창의적인 방법으로 자신의 경험, 생각, 느낌을 표현해 보고, 다양한 예술 표현을 존중하는 경험과 관련된 내용이다. 교사는 유아가 아름다움을 느끼고 즐기며 창의적으로 표현하는 과정을 통해 풍부한 감수성을 기르도록 돕는다. 또한 유아가 다양한 예술 감상을 통해 상상력을 키우고 예술 표현이 가지고 있는 고유의 가치를 존중하도록 지원할 수 있다.

① 목표

아름다움과 예술에 관심을 가지고 창의적 표현을 즐긴다.

㉠ 자연과 생활 및 예술에서 아름다움을 느낀다.

㉡ 예술을 통해 창의적으로 표현하는 과정을 즐긴다.

㉢ 다양한 예술 표현을 존중한다.

② 내용

내용범주	내용
아름다움 찾아보기	자연과 생활에서 아름다움을 느끼고 즐긴다.
	예술적 요소에 관심을 갖고 찾아본다.
창의적으로 표현하기	노래를 즐겨 부른다.
	신체, 사물, 악기로 간단한 소리와 리듬을 만들어 본다.
	신체나 도구를 활용하여 움직임과 춤으로 자유롭게 표현한다.
	다양한 미술 재료와 도구로 자신의 생각과 느낌을 표현한다.
	극놀이로 경험이나 이야기를 표현한다.
예술 감상하기	다양한 예술을 감상하며 상상하기를 즐긴다.
	서로 다른 예술 표현을 존중한다.
	우리나라 전통 예술에 관심을 갖고 친숙해진다.

(5) 자연탐구

유아는 호기심이 넘치는 과학자다. 궁금한 것에 대해 답을 찾기 위해 적극적으로 탐색하고 탐구하며 이를 즐긴다. 자연탐구 영역은 유아가 물질, 사물, 자연현상, 동·식물 등의 특성과 변화를 수학적, 과학적으로 탐구하는 다양한 경험과 관련된 내용이다. 교사는 유아가 호기심을 가지고 주도적으로 탐구하는 과정을 즐기며, 스스로 궁금증을 해결해 가도록 돕는다. 또한 유아가 주변의 동·식물, 생명, 자연환경에 관심을 가지며 생명을 소중히 여기고 사람과 자연이 더불어 살아가는 방법을 실천하도록 지원할 수 있다.

① 목표

탐구하는 과정을 즐기고, 자연과 더불어 살아가는 태도를 가진다.

㉠ 일상에서 호기심을 가지고 탐구하는 과정을 즐긴다.

㉡ 생활 속의 문제를 수학적, 과학적으로 탐구한다.

㉢ 생명과 자연을 존중한다.

② 내용

내용범주	내용
탐구과정 즐기기	주변 세계와 자연에 대해 지속적으로 호기심을 가진다.
	궁금한 것을 탐구하는 과정에 즐겁게 참여한다.
	탐구과정에서 서로 다른 생각에 관심을 가진다.
생활 속에서 탐구하기	물체의 특성과 변화를 여러 가지 방법으로 탐색한다.
	물체를 세어 수량을 알아본다.
	물체의 위치와 방향, 모양을 알고 구별한다.
	일상에서 길이, 무게 등의 속성을 비교한다.
	주변에서 반복되는 규칙을 찾는다.
	일상에서 모은 자료를 기준에 따라 분류한다.
	도구와 기계에 대해 관심을 가진다.
자연과 더불어 살기	주변의 동·식물에 관심을 가진다.
	생명과 자연환경을 소중히 여긴다.
	날씨와 계절의 변화를 생활과 관련짓는다.

10-2 2019 개정 누리과정에서의 평가

2019 개정 누리과정에서는 기관 및 학급 수준 교육과정 운영의 자율성이 강화됨에 따라 평가 역시 그 방법과 시기에 대해서도 자율성을 가지도록 하고 있다. 교사는 관찰과 기록, 수집, 부모 설문지 등의 다양한 방법을 이용하여 유아의 개별적 평가와 누리과정 운영에 대한 평가를 실시하도록 명시하고 있으며 내용은 다음과 같다.

1) 평가를 위한 자료 모으기

교육과정은 유아의 놀이와 일상생활, 활동 속에서 이루어지므로 교사는 유아의 놀이와 일상을 관찰하여 기록한다. 교사는 특히 유아의 놀이 과정을 관찰하여 평가에 필요한 자료를 모을 수 있다. 이때 평가자료의 수집과 기록 때문에 교사가 유아를 지원하는 데 어려움을 갖지 않도록 유의한다. 교사는 많은 자료를 기록해야 한다는 생각보다는 유아 이해 및 놀이지원에 중요하고 의미 있다고 판단되는 자료를 선별하여 수집한다. 자료를 수집할 때는

① 효과적으로 내용을 조직할 수 있도록 한다.

② 기록을 쉽게 활용할 수 있어야 한다.

③ 자료를 관리하는 데에도 시간이 덜 드는 방법을 활용하도록 한다.

2) 자료 활용하여 평가하기

평가는 유아 평가와 누리과정 운영 평가로 나누어 볼 수 있다. 유아 평가는 유아의 고유한 특성과 시간의 흐름에 따른 변화를 이해하고자 하는 것이다. 누리과정 운영

평가는 놀이, 일상생활, 활동이 잘 연계되어 유아에게 의미 있는 통합적 경험의 내용으로 운영되었는지를 알아보는 것이다. 유아평가와 누리과정 운영 평가는 유치원과 어린이집의 상황이나 필요에 따라 가장 적합한 방법을 선택하여 자율적으로 실시한다.

(1) 유아의 특성 및 변화 정도를 평가한다

유아 평가는 일상생활 및 놀이 과정에서 이루어질 수 있다. 유아의 놀이에 대한 기록(예: 계획안 또는 일지에 기록한 유아들의 실제 놀이 모습, 유아의 놀이결과물, 작품, 사진이나 동영상 등)을 통해 유아의 흥미와 관심, 놀이 선호, 또래와의 상호작용 등 유아의 특성과 변화 정도를 평가할 수 있다. 이때 누리과정 5개 영역의 내용이 놀이에서 어떻게 경험되고 어떤 배움이 일어났는지 살펴본 후 이를 추후 놀이지원에 반영할 수 있도록 한다.

(2) 누리과정 운영을 평가한다

교사는 누리과정 운영의 질을 개선하기 위하여 기관과 학급의 특성을 반영하여 자율적으로 누리과정 운영을 평가하여야 한다. 누리과정 운영 평가는 일과 구성이 적절하였는지, 일상생활이나 활동이 놀이를 지원하는 방식으로 진행되었는지, 놀이를 통해 어떤 경험이 어떻게 일어났는지 등에 대해 반성적으로 들여다보는 과정이다. 교사는 학급 내 놀이의 내용, 놀이를 통해 학급에서 일어나고 있는 유아들의 배움과 참여 등에 대한 기록을 바탕으로 교육과정을 평가하고 교육과정 개선 계획에 이를 반영할 수 있다.

(3) 놀이에서 누리과정 5개 영역을 경험하였는지 돌아본다

누리과정의 5개 영역은 유아가 놀이를 통하여 경험해야 할 내용이므로 교사는 놀이 상황에서 5개 영역과 관련한 경험이 어떻게 이루어졌는지 연계할 수 있다. 이는 5개

영역의 내용을 유아가 달성해야 할 성취의 기준으로 삼는다는 것은 아니다. 매일 일과를 5개 영역에 따라 연계할 필요는 없다. 일과(놀이, 일상 생활, 활동) 후 혹은 하나의 놀이흐름이 마무리되었을 때 5개 영역의 경험이 어떻게 나타났는지 검토하고 지원을 계획해 볼 수 있다.

누리과정에서 유아를 평가하는 척도는 3~5세 유아평가가 개발되어 있다. 평가도구는 다음과 같다.

연령별 누리과정 평가도구

3,4세 누리과정 유아평가도구 실물자료

5세 누리과정 평가도구 실물자료

출처: 서울특별시교육청 유아교육진흥원

10-3 놀이 실행과 기록의 실제

교사는 유아의 놀이관찰과 대화, 개입, 참여를 통해 언제 놀이에 개입하고 물러나야 할지를 결정하며 놀이의 확장으로 이루어질 수 있도록 유아의 놀이를 지원해야 한다. 놀이 계획 단계에서는 안전하면서도 도전적인 놀이 환경을 제공하고, 평가정보와 누리과정을 기초로 한 학습 목표를 기반으로 한 놀이를 계획할 수 있으나, 유아 스스로 자발적인 놀이를 계획하고 이끌어 나갈 수 있도록 지원하는 것이 중요하다.

1) 교사의 놀이지원 기록

교사는 유아의 놀이를 관찰하고 놀이의 흐름에 따라 놀이를 지원해 주며 유아의 흥미에 따라 일과를 융통성 있게 변경하여 진행하여야 한다. 하루 일과의 운영과 유아의 놀이 흐름에 따른 교사의 놀이지원 기록의 양식과 사례는 다음과 같다.

사례 1 놀이의 흐름에 따른 교사의 고민과 교육적 지원

관심의 시작

산책 중에 시작된 개미 찾기 놀이

오늘 유아는 숲에서 어떤 놀이를 이어 나갈까?

놀이

먹이를 가지고 가는 개미 도와주기

유아들의 공감능력을 함양을 위해 어떻게 해야할까?

놀이

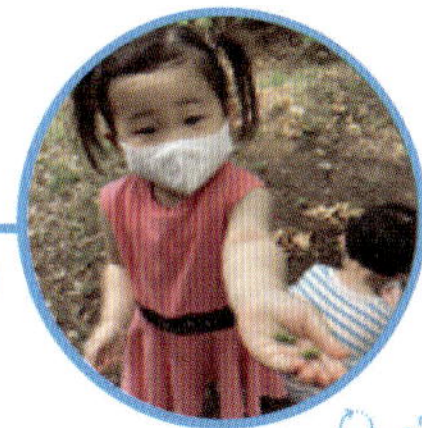

개미 먹이 모으기

개미는 나무 열매보다는 곤충을 더 좋아할텐데, 어떻게 하지?

놀이

숨어있는 자연물 탐색하기

유아 주도적인 탐색 및 탐구를 격려할 수 있는 방법은 무엇일까?

놀이

비에 젖은 나뭇잎 탐색하기

정리할 시간이 다 되었는데, 어떻게 하지?

놀이

물 튀기기 놀이

옷이 다 젖으면 어떡하지?

놀이

물웅덩이에서 상상놀이

낚시놀이에 관심을 보이는데, 흥미를 유지할 수 있도록 어떻게 지원할까?

3세 해님반 일일교육계획안

일자	2020년 6월 ○일 ○요일
일과시간표	09:00 ~ 등원 및 오전 간식 09:30 ~ 실내놀이 10:30 ~ 정리정돈 및 화장실 다녀오기 10:45 ~ 바깥놀이 12:20 ~ 화장실 다녀오기 12:30 ~ 점심식사 13:25 ~ 귀가 지도 및 하원
누리과정 운영평가	유아들의 흥미에 따라 산책활동으로 변경되었고 빗물 웅덩이 탐색 및 놀이가 이루어지면서 바깥놀이 시간이 연장됨. 계획되었던 주제별 활동과 동화 활동은 반드시 진행하지 않아도 되는 활동이라 판단하여 유아들의 탐색활동 시간을 여유 있게 진행하였음. 점심식사 시간은 다른 반 식사시간과 조율하여 진행함에 따라 전체일과 진행에는 무리가 없다고 판단하여 산책활동 전체시간을 조율함.

사례 2 누리과정 운영 평가의 예

관심의 시작

놀이 후,
정리정돈의 어려움 인식

유아들은 어떻게
해결할 수 있을까?

놀이

'장난감을 줄여요!'
정리정돈 놀이하기

유아들의 주도적인 해결방법을 어느 기준까지 수용할까?

놀이

신나는 '정리송' 찾기

흥미없는 유아는 어떻게 이끌면 좋을까?

활동

정리정돈의 해결방법
모색하기

정리정돈 = '힘들다'?
유아들과 재밌고 주도적으로 상황을 해결하는 방법을 어떻게 지원할까?

놀이

'정리 대장' 놀이하기

정리지도를 구체적으로 하지 못하는 유아에게는 어떤 개입이 필요할까?

놀이

같은 블록끼리 분류하기 놀이

모양 인식을 어려워하는 유아는 놀이에 소외됨을 어떻게 놀이로 풀어나갈까?

<table>
<tr><td colspan="2">기간</td><td colspan="5">6월 2주</td></tr>
<tr><td colspan="2">요일</td><td>월</td><td>화</td><td>수</td><td>목</td><td>금</td></tr>
<tr><td rowspan="2">놀이</td><td>함께 하는 우리 원</td><td colspan="5">〈계획된 놀이〉
• 친구가 되어 역할 놀이를 해요
• 내 친구와 선생님 얼굴 콜라쥬
• 내 물건? 함께 쓰는 물건?
• 친구와 나를 비교해요
• 'OOO는 OOO를 사랑해~' 말놀이</td></tr>
<tr><td>'이건, 엉망진창 이야'</td><td colspan="5">〈계획되어 있지 않았으나 놀이 중 유아들의 흥미에 의해 추가된 활동〉
• 그림책 〈어디로 갔지?〉
놀이 후, 정리되지 않은 환경을 바라보며 유아들이 정리하기 힘들어하며 문제 발생하여 전체 유아와 함께 읽고 해결방법을 모색함.
• 정리대장 놀이
해결 방법 모색을 위해 이야기 나누기 후, '정리대장'을 유아들이 놀이시간에 진행하며 자신만의 정리방법을 친구에게 소개하는 정리 대장이 되어봄.
• 정리대장이 쓰는 모자만들기
정리대장은 왕관이나 이름표가 있으면 좋을 것 같다는 유아들의 생각에 정리대장임을 표시하기 위한 모자를 만듦.</td></tr>
<tr><td colspan="2" rowspan="4">활동</td><td colspan="5">[이야기 나누기]'즐겁게 정리할 수 있는 방법은 없을까?' 갈등상황 해결하기 위해 활동으로 진행</td></tr>
<tr><td colspan="5">[노래]우리들이 골라듣는 '정리송' 다양한 정리송을 검색후 들어보며 진행</td></tr>
<tr><td colspan="5">[수]같은 것 끼리 모아요 정리대장 놀이와 연계하여 진행함</td></tr>
<tr><td colspan="5"><s>[게임]'정리송에 맞추어 정리하기'</s>_ 진행되지 않음.</td></tr>
<tr><td colspan="2">바깥놀이</td><td colspan="5">· 친구와 함께 놀이터에서 놀아요</td></tr>
<tr><td colspan="2">인성교육</td><td colspan="5">질서–줄을 설 수 있어요</td></tr>
</table>

일일 기록 및 지원	놀이 후, 정리되지 않은 환경을 바라보며 유아들이 정리하기 힘들어 하며 문제 발생하여 이야기 나누기로 해결방법을 모색함.	'재미있게 정리할 수 있는 방법은 없을까?'라는 문제 제기 후, 다양한 방법을 제시하며 놀이로 풀어냄.	정리대장의 상상놀이를 하며 필요한 소품을 창작해 만들어 놀이에 사용	정리를 쉽게 할 수 있는 방법으로 같은 것 끼리 모으는 방법을 활용하여 정리정돈 시간에 활용해 봄. 또한 신나는 정리송을 찾아내어 정리시간에 반영해 진행해 봄.	유아들만의 즐거운 정리방법을 찾아내어 실행해 보며 자존감이 높아짐. 이에 교사는 구체적인 칭찬과 이야기 나누기 시간에 유아들만의 정리법을 서로 소개해 주는 시간을 가져봄.
주간 기록 및 지원	• 정리시간에 대하여 어려움을 느낀 유아들이 자신들만의 즐거운 정리정돈 방법에 대해 이야기 나눈 후, 학급에서 정리송을 찾아보거나, 정리대장이 되어 상상놀이 및 나만의 정리방법 소개하기 등 다양한 놀이로 표현됨을 볼 수 있었음. 한 유아가 정리송에 맞추어 움직여보자는 제안을 하여 다음주에는 정리시간에 게임형태로 진행해 보기로 함. • 지난주 바깥놀이 시 위험하게 놀이 기구를 이용하는 친구가 있어 필요한 규칙과 약속을 유아와 함께 만들어보음. 유아들과 함께 정한 규칙과 약속을 유아들이 기억할 수 있도록 바깥놀이 약속 판을 만들어야겠음.				

사례 3 유아 놀이관찰 내용과 누리과정 운영 평가를 함께 기록한 예

<table>
<tr><th>구분</th><th>내용</th></tr>
<tr><td>유아
놀이관찰
내용</td><td>

신유가 모래놀이 삽으로 분홍바구니에 모래를 담고 있다.

신유: 이거 많이 모아서, 집 만들거야.
하람: 아니, 그건 내 바구니라구. 니 흙은 저기 담아야지.

하람이가 분홍바구니에 담긴 모래를 모래놀이 수레에 옮겨 담는다. 그 과정에서 모래가 바닥으로 쏟아진다.
신유가 자신의 모래가 쏟아져서 집을 만들 수 없다고 하여, 교사가 도움을 주어 모래놀이 수레에 모래를 채운다.
신유가 집을 짓기 시작하자, 하람이가 다가와서 주변을 서성인다.

교사: 하람이도 함께 집 지어볼래요?
하람: 네. 나도 하고 싶어요.
교사: '신유야, 나도 같이 집 지어도 돼?' 라고 물어 볼까요?
하람: 신유야, 나도 같이 집 지어도 돼?

교사는 하람이가 신유에게 언어로 표현할 수 있도록 지원한다.</td></tr>
<tr><td>누리과정
운영평가</td><td>유아들의 놀이를 관찰 하던 중, 친구의 놀이에 관심을 보이며 함께 놀이하기를 원하는 유아가 관찰되었고, 교사의 언어적 모델링을 통해 놀이를 지원함.
유아들이 또래와 함께 협동할 수 있는 놀이를 제공해 주기 위해, 놀이 중에 자연스럽게 협동이 이루어질 수 있도록 '협동게임'을 계획해 보고자 함.</td></tr>
</table>

2) 유아 개별 놀이 기록

놀이는 교실과 실외 곳곳에서 동시에 일어나기도 하고 산발적으로 일어나기도 한다. 유아가 환경과 다양한 상호작용을 하며 놀이의 주제나 자료에 흥미를 보이는 정도나 몰입의 깊이는 유아의 개인마다 다르게 나타난다. 따라서 교사는 이러한 유아의 개별적 특성을 감안하여 각각의 놀이를 관찰하고 분석하여 다양한 경험을 통하여 유아가 전인적인 발달이 이루어질 수 있도록 지원해 주어야 한다.

유아의 개별적인 놀이기록의 양식과 사례는 다음과 같다.

놀이 관찰양식

<table>
<tr><td>일시</td><td></td><td>장소</td><td></td></tr>
<tr><td>놀이참여유아</td><td colspan="3"></td></tr>
<tr><td>놀이</td><td colspan="3"></td></tr>
<tr><td colspan="4">내용</td></tr>
<tr><td colspan="4"></td></tr>
<tr><td colspan="2">교사의 놀이 지원실제</td><td colspan="2">편성 및 교수학습</td></tr>
<tr><td colspan="2"></td><td colspan="2"></td></tr>
</table>

사례 1

내용범주: 창의적으로 표현하기

목표: 예술을 통해 창의적으로 표현하는 과정을 즐긴다.

내용: •신체나 도구를 활용하여 움직임과 춤으로 자유롭게 표현한다.
•다양한 미술 재료와 도구로 자신의 생각과 느낌을 표현한다.

내용 이해

신체나 도구를 활용하여 움직임과 춤으로 자유롭게 표현한다.

유아가 자연과 생활에서 발견한 다양한 움직임을 자유롭게 표현하고 나아가 자신의 생각과 느낌을 자신의 신체나 다양한 도구를 활용하여 움직임과 춤으로 표현하는 내용이다.

다양한 미술 재료와 도구로 자신의 생각과 느낌을 표현한다.

유아가 자연과 생활에서 발견한 다양한 재료와 도구를 활용하여 여러 가지 방법으로 표현하는 내용이다. 자신의 경험, 느낌, 생각 등을 창의적으로 표현하는 과정을 즐기는 내용이다.

유아 경험의 실제

스노우 물감의 다양한 색깔을 살펴보며 송미는 "색깔이 반짝반짝 빛이 나는 것 같아요. 나한번 문질러 볼래요."라고 하며 두 손을 물감 위에 문질러본다. "색깔이 마구마구 섞여서 보라색이 되려고 해요.""내 손도 미끌미끌, 반짝거려요." 손으로 물감을 문질러 가며 촉감을 느끼던 와중 맨발을 이용하여 함께 촉감을 느껴본다. 그리고 굵은 털실을 가져와 색깔을 입히며 "난, 이런 느낌을 아주 좋아해요."라고 이야기 하며 웃는다.

옆에 있던 선우와 시훈이는 물감 묻은 손을 자세히 살펴본다. 그리고 "내 손에 물감이 묻어서 그런지, 미끌미끌해요."라고 선우가 이야기 하자, 시훈이가 두 손을 깍지로 끼며 "봐요, 두 손을 힘줘도 손이 잘 풀려나가요."라 말한다. 두 유아는 미끄러운 손을 이용하여 물감 위에 자신의 느낌을 그림으로 표현해 본다.

사례 2

맛있는 피자 팔아요~

우리 동네의 다양한 기관들의 역할과 모습의 게시된 사진을 살펴보던 중, 두 유아가 서로 이야기를 나눈다.

시은: "야, 저기 피자집 나 엄마랑 그때 먹었거든. 저기 진짜 맛있어!"
도경: "나도 나도, 근데 저기 국수집도 내가 가봤는데 거기 국수 맛있다!"
시은: "나는 국수도 좋아하지만,,,(잠시 생각에 잠긴다.) 난 피자가 맛있어서 피자가게 놀이할래. 너두 할래?"(친구의 표정을 살핀다.)
도경: "응, 저기(쌓기영역) 가서 만들자."

시은: "여기 세모(블럭)는 피자야 피자! 내가 만들었으니깐, 이거 먹고 싶은 사람은 모여~"
도경: (세모블럭이 부족하자 자석 블록의 세모 모양을 골라 가져온다)"이걸로 피자 더 만들자."
지우: "나도 이 피자 먹어도 돼? 난 고르곤졸라 피자 맛이나."
시은: "응. 우리 이거 피자 맛 맛있게 하려고 동그라미 햄도 많이 올렸어."그리고 이제는 배달하는 시간이야~ 포장하자!"(음률영역의 색깔천을 가져와 피자를 포장하는 흉내를 낸다.)
지우: "내가 포장해 놓은거 옆집에 배달하고 올게."(오토바이 타는 시늉을 하며 다른영역으로 이동한다.)

유아들은 쌓기 영역에서 세모모양의 종이벽돌블록을 이용하여 피자와 피자가게를 구성하고 만든 피자를 포장하고 배달하며 손님, 판매자의 역할을 나누어 피자가게 놀이를 진행한다. 시은이는 자신의 경험을 견주어 피자의 맛과 모양, 배달의 역할 등을 또래에게 이야기하며 다른 또래들과 놀이를 확장하여 진행이 이어진다.

5개 영역의 통합적 이해

의사소통

- **듣기와 말하기** 말이나 이야기를 관심 있게 듣는다. 시은이는 관심 있게 유아들의 말을 들으며 놀이를 진행해 나간다. 자신이 경험, 느낌, 생각을 말한다. 자신의 피자가게를 경험해 보았던 것을 기억삼아 역할놀이 진행에 적극적으로 말하고 주장한다. 놀이 상황에 적절한 단어와 문장을 사용한다. 따라서 시은이는 지속적이고 깊이 있는 놀이가 진행된다. 그리고 상대방이 하는 이야기를 듣고 관련해서 말한다. 다른 의견의 유아 주장에 서로의 이야기를 듣고 상대방의 생각, 의도, 감정을 이해하여 관련지어 말한다.

사회관계

- **사회에 관심 가지기** 내가 살고 있는 곳에 대해 궁금한 것을 알아본다. 벽면에 게시된 동네의 다양한 기관들의 역할 모습을 세심하게 관찰하며 자신의 경험을 유아들과 나누며 자신이 살고 있는 지역사회에 대한 관심이 나타나 이를 놀이로 진행한다.
- **더불어 생활하기** 친구와 서로 도우며 사이좋게 지낸다. 친구의 놀이 의견을 잘 듣고, 놀이 상황을 잘 조절하여 놀이를 지속적으로 진행하고 반영한다. 그리고 서로 다른 감정, 생각, 행동을 존중한다. 이는 놀이 속에서 친구들의 다양한 의견을 적극적으로 수용하며 놀이를 진행한다.

예술경험

- **창의적으로 표현하기** 다양한 미술 재료와 도구로 자신의 생각과 느낌을 표현한다. 세모 종이벽돌 블록 위에 피자를 꾸미기 위해 조작영역에 있는 다양한 작은 장난감들을 가져와 피자의 맛과 모양을 꾸며내어 놀이한다. 또한 음률 영역에 비치된 색깔 천을 활용하여 피자를 포장하기도 한다.

사례 3

유아 관찰 및 평가 일지

<table>
<tr><th>무지개(만4,5세)반</th><th>이름: 주윤지</th><th colspan="2">생년월일: 2010년 ㅇㅇ월 ㅇ일</th></tr>
<tr><th>관찰일</th><th colspan="3">관찰내용</th></tr>
<tr><td rowspan="2">5월
5/12</td><td colspan="3">교사가 미술영역에서 재활용품을 넣고 있음. 윤지가 교사에게 다가와 "선생님 이거 우리 만들기 재료예요?"하고 물어봄. 교사가 재활용품임을 알려주자 윤지가 "선생님 이걸로 뭐 만들 거예요?"하고 물어봄. 교사가 "이 재활용품으로 뭘 만들면 좋을까?"하고 물어보자 윤지가 "음, 나는 잘 모르겠어요."하고 이야기함. 교사가 휴지심을 가지고 윤지에게 "윤지가 이 휴지심을 가로로 할 수도 있고 세로로 할 수도 있네. 이렇게 세로로 세우면 어때?"하고 물어봄. 윤지가 "선생님 허수아비 같아요." 하며 양팔을 벌림. 교사가 "윤지 말처럼 허수아비 같기도 하네. 그러면 이 휴지심으로 허수아비도 만들 수 있는 거야. 정답은 없어. 윤지가 재활용품을 보고 생각나는 걸 만들면 돼."하고 이야기함. 윤지가 휴지심을 가지고 와 사인펜을 이용하여 그림을 그림. 혜온이가 윤지에게 다가와 윤지가 그리는 것에 대해 물어봄.

혜온: 윤지야, 너 뭐 그리고 있어? 여기 꽃들이 있네. 나 이렇게 생긴 원피스 집에 있어.
윤지: 나는 허수아비 옷 만들고 있어. 허수아비가 꽃 옷을 입고 있는 거야.
혜온: (사인펜을 가지고 자신의 자리로 와 휴지심에 그림을 그림.)
윤지: 혜온아 너도 허수아비 만들고 있는거야?
혜온: 아니, 나는 사람 만들고 있어. 여기에 알록달록 옷을 입혀줄거야.
(잠시후 혜온이가 교사에게 자신이 꾸민 휴지심을 보여줌.)
혜온: 선생님 이것 좀 봐봐요. 나 진짜 잘 만들었죠? 여기에 사람 얼굴도 붙일 거예요.</td></tr>
<tr><td>누리과정
통합적 이해</td><td colspan="2">• 신체운동 · 건강: 신체활동 즐기기 – 신체 움직임을 조절한다.
• 의사소통: 듣기와 말하기 – 말이나 이야기를 관심 있게 듣는다.
– 상대방이 하는 이야기를 듣고 관련해서 말한다.
– 자신의 경험, 느낌, 생각을 말한다.
• 사회관계: 더불어 생활하기 – 친구와 서로 도우며 사이 좋게 지낸다.
• 예술경험: 창의적으로 표현하기 – 다양한 미술 재료와 도구로 자신의 생각과 느낌을 표현한다.
– 예술감상하기 – 다양한 예술을 감상하며 상상하기를 즐긴다.</td></tr>
</table>

6월
6/5

의정, 의소가 어린이집 첫 등원을 하였음. 하람이가 의정이와 의소에게 다가가서 이야기를 함.

하람: 선생님, 이 친구들은 이름이 뭐예요?
교사: 의정이랑 의소야. 이 친구들은 엄마 뱃 속에 같이 있다가 태어났대.
대완: 그러면 같은 집에 사는 거예요?
교사: 맞아. 의정이랑 의소는 같은 집에 살고 있어.
보나: 선생님, 우리 친구들이 알 수 있도록 이름표를 꾸며보기로 했잖아요.
교사: 그러면 우리 이름표를 꾸며볼까?

교사가 라벨지에 이름을 적은 후 옷에 붙여보자 다른 친구들도 이름표에 관심을 가지어 이름표를 꾸며보았음.

윤지: (색연필을 가지고 와 자신의 이름표에 그림을 그리며) 선생님 여기 내 이름 이렇게 적었어요.
여기에 색연필로 나비, 꽃, 하트 풍선 그려서 꾸미고 있어요. 어때요?
윤수: (윤지 이름표를 보며) 윤지야 이름표 그림처럼 이쁘다. 선생님 나도 별 모양이랑 하트 모양도 그려서 이쁘게 해 볼래요.

윤지가 그리기 도구를 이용하여 하트 풍선, 꽃, 나비를 그려 자신의 이름표를 꾸밈. 윤지의 이름표를 보며 윤수가 아름다움을 느끼고 자신의 이름표를 꾸미기 시작함.

해문: 선생님, 우리가 꾸민 이름표를 다른 친구들도 볼 수 있도록 책상에 붙어요.
그러면 다른 친구들이 이름도 알 수 있고 내가 꾸민 이름표도 볼 수 있잖아요.

해문이가 자신이 꾸민 이름표를 다른 친구들에게 보여줄 수 있도록 책상에 붙이기를 제안하여 교사가 친구들의 자리에 유아들이 꾸민 이름표를 붙여놓았음. 유아들이 책상에 붙어 있는 이름표를 보며 이름을 읽어보고 친구를 찾아봄.

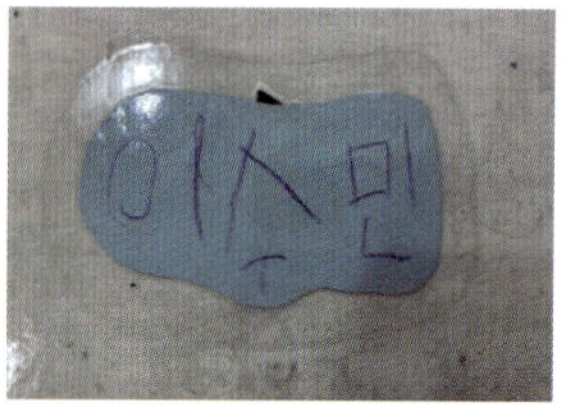

누리과정 통합적 이해	• 의사소통: 읽기와 쓰기에 관심 가지기 – 주변의 상징, 글자 등의 읽기에 관심을 가진다. – 자신의 생각을 글자와 비슷한 형태로 표현한다. • 사회관계: 더불어 생활하기 – 친구와 어른께 예의 바르게 행동한다. • 예술경험: 창의적으로 표현하기 – 다양한 미술 재료와 도구로 자신의 생각과 느낌을 표현한다. 예술 감상하기 – 서로 다른 예술 표현을 존중한다.

사례 4

유아 관찰 및 평가 일지

<table>
<tr><td>무지개(만4,5세)반</td><td>이름: 서이준</td><td>생년월일: 2014년 5월 17일</td></tr>
<tr><td>관찰일</td><td colspan="2">관찰내용</td></tr>
<tr><td>6월 22일 (자유놀이)</td><td colspan="2">자유놀이 내내 이준이가 무언가에 집중하여 종이를 접고 그리는 모습을 보임.
이후 오후 자유놀이 시간에 자신의 작품을 들고 교사를 찾아옴.

이준: (종이를 접었다가 피며) 선생님 이것 좀 봐요.
교사: 그림이 변신하네? 엄청 신기하다 이준아.
한 번 더 보여줄 수 있어?
 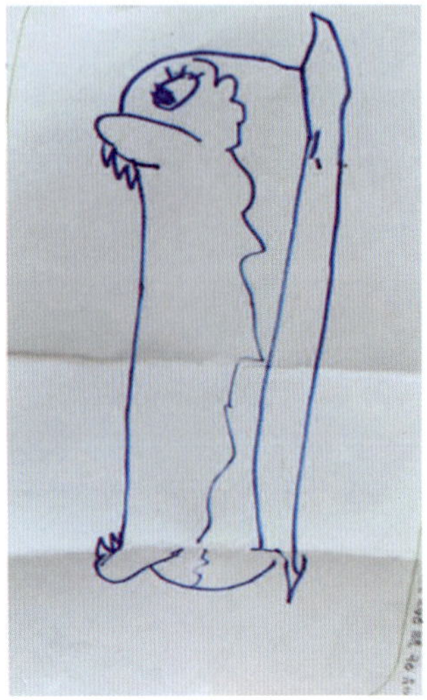
교사 옆자리에 앉아 있던 해문이와 주화가 교사의 반응을 듣고 이준이의 변신하는 그림에 관심을 가짐.

해문: 선생님 뭐예요?
이준: 물고긴데, (다시 한 번 종이가 펼쳐지면 길어지는 물고기를 보여줌) 이렇게 길어져 버려.
해문: 와, 입이 진짜 무시무시하네. 아 혹시, 피라냐인가?
이준: 몰라? 그러고보니 피라냐처럼 생기기도 했네.

이준이가 여러 번 자신의 그림을 접었다가 피며 다른 모습을 나타내는 물고기를 친구들에게 보여줌.</td></tr>
</table>

<table>
<tr><td rowspan="2"></td><td colspan="2">주화: 물고기 입이 작았다가 엄청 커지네.
해문: 짧은 물고기에서 엄청 긴 물고기가 된다.
교사: 이준아 어떻게 이런 생각을 했어?
이준: 변신하는 물고기 만들려고요.
주화: 어떻게 만들었어?
이준: (종이를 접어서 그리는 시늉을하고, 펼쳐서 그림그리는 시늉을 하며 상세히 방법을 설명해줌) 이렇게 접어서 그린 다음 펴서 또 더 길게 그렸어.</td></tr>
<tr><td>누리과정
통합적 이해</td><td>하나의 종이를 이용하여 그림이 변신할 수 있게 색다른 놀이방법을 보임. 또한 주변의 동생이나 친구들에게 언어로 변신 그림에 대한 원리와 방법을 설명할 수 있음.
다른 친구가 이야기하는 물고기에 대한 유추를 적극적으로 받아들이며, 이에 대해 다른 친구들에게 수용한 의견으로 설명하는 모습을 보임.</td></tr>
</table>

사례 5 가정연계 사례1

달님이들의 첫 번째 이야기

산책에서 만난놀이

선생님, 산책가요

비가 내리는 어린이집 마당을 바라보던 달님이들. "선생님, 이제 비가 조금만 와요." "선생님, 산책가요." 라고 말했다.

힘내라! 힘내라!

산책가는 길, 개미가 잠자리 날개를 옮기고 있는 것을 발견했다. "이거 봐." 라고 말하자, 우르르 몰려들어 개미를 지켜보던 달님이들은 개미를 응원해 주었다. "힘내라, 힘내라."

개미야, 내가 밥 만들어 줄게

자신들이 주운 자연물을 탐색하던 중 유아가 "이거 개미 줄까?" 라고 말했다. "너무 크다." "엄마가 한 거처럼 여기서 밥하자" "내가 할 수 있어" "개미야, 내가 밥 만들어 줄게" 달님이들은 옹기종기 모여앉아 개미밥을 만들었다.

내 신발에서 방구소리가 나

비가 개인 어느 날의 산책길, 물웅덩이에서 첨벙첨벙 물장난을 치던 유아가 자신의 신발 속에서 나는 소리에 귀를 기울이다가 "내 신발에서 방구소리가나!" 라고 말했다. 달님이들은 마주보며 "키키키", "하하" 웃음을 터트렸다.

웅덩이 낚시 놀이

원으로 돌아오는 길, 유아들은 하나·둘 물웅덩이로 모이더니, 주운 나뭇가지로 낚시놀이가 시작되었다. "고기 잡아 줄게요. 히히히"

새학기 달님이들은 친구들과 함께 한 놀이를 통해, 어색함을 조금씩 걷어내고 놀이 속으로 들어갑니다.

오감놀이, 산책 중 만난 개미와 잉어, 물웅덩이, 일상에서 찾아 낸 상상놀이!

개미의 밥 만들기, 웅덩이 낚시놀이 등 다양한 놀이를 통해 사고를 확장해 나가는 달님이들.

잉어를 보러 가던 날, 물 속에서 이리 저리 움직이는 잉어를 보며,

"물고기가 지금 우산을 찾고 있어"
"우리가 찾아 주자",
"물 속에 있는데 어떻게 찾아?"

8월에는 우리 달님이들이 어떤 놀이의 세상으로 초대할지 설레이는 마음으로 기대해봅니다. ^^

사례 6 가정연계 사례2

이건, 엉망 진창이야。。。。
'2019개정 누리과정'을 바탕으로 유아가 주도적으로 참여하고 자유롭게 즐길 수 있는 놀이를 중심으로 교육과정을 실행하고자 합니다. 또한 가정과의 협력으로 유아의 '놀이'속에서 진정한 배움의 가치를 느껴보도록 지원해 보고자 합니다.
새학기 친구들과 새로운 교실환경에 적응하며 해님반 친구들은 다양한 색깔의 놀이 보따리를 만들어갑니다.
자유놀이 후, 정리시간이 되어 놀던 정리음악이 들리고 친구들이 정리를 하려고 분주하게 움직입니다. 그러나 너무 많이 어지럽혀진 교실을 바라보며 힘들어하던 한 유아가 외칩니다.
"이건, 엉망진창이야..."
우리는 정리시간 안에 모두 정리를 할 수 있을까?...
지루하고 따분한 '정리정돈'을 재미있게 할 수 있는 방법은 없을까?'라는 문제제기 후, 친구들이 주도적으로 다양한 해결법을 모색하고 시행착오를 거치며 유아들의 사고를 수정하는 모습이 돋보였습니다. 그리고 '최대한 재미있게 정리하는 우리들의 방법'을 친구들과 협의하며 작은 규칙을 만들었으며, 현재 학급에서도 직접 만든 규칙에 대한 실천이 친구들의 주도하에 지속되고 있습니다.
관심의 시작
문제점 인식) 놀이후, 정리정돈의 어려움을 느낌.
자유놀이 후, 정리해야 할 장난감이 너무 많아요!
"이건, 엉망진창이야."
활동
해결방안 모색) 정리정돈 = '힘들다' ?
유아들과 재밌게 정리하는 우리들의 방법을 의논하여 적용해 보기로 함.
'재미있게 정리하는 우리들의 방법'
하나, 잘 사용하지 않는 장난감은 빼기
둘, 정리노래 재미있는걸로 바꾸기
->정리송 '쇼리보따리';
셋, 정리대장 놀이
놀이
신나는 '정리송' 찾기!
놀이로 스며듦)
"가위로 자른 종이는 바로 쓰레기통에 넣어줘~"
"같은 모양끼리 줄세워서 정리하면 더 빨라."
-정리노래는 유아들이 다양한 정리노래를 들어보고 우리만의 노래로 만들었어요.
-놀이 속에서 유아들이 직접 정리 대장이 되어, 또래에게 정리하는 방법을 생각하여 자신만의 정리법을 소개해주거나, 어려워하는 친구들의 정리를 도와주었어요.
놀이
같은것끼리 모으는 놀이
놀이
'정리대장 놀이~
정리 = 즐거운 놀이
배경그림: 진흙물이 쏟아져 '엉망진창'이 되어버린 우리들의 그림을 보며...
"그래도, 괜찮아. 우리들의 작품이잖아!" 2020.7.14.비오는 수요일의 기록

사례 7 가정연계 사례3

'2019 개정누리과정'을 바탕으로 이번 개정의 핵심인 '놀이하며 배우는 유능한 유아'와 '유아의 놀이'에 초점을 두고 있습니다.
이에 따라 '유아가 주도적으로 참여하고 자유롭게 즐길 수 있는 놀이'를 중심으로 학급을 운영하며 교육과정을 실행하고자 합니다.
또한 가정과의 지속적인 협력을 통해 유아의 '놀이' 속에서 진정한 배움의 가치를 느껴보도록 함께 지원해 보고자 합니다.

무지개반 친구들의 곤충발견

관심의 시작

실외놀이 중 곤충발견

우리가 잡은 곤충은 메뚜기일까? 여치? 아니면 방아깨비야?

놀이

곤충도감 만들기

사전을 만들어서 곤충들의 생김새랑 이름에 대해 자세하게 알아보자!

몸으로 말해요!

내가 몸으로 설명하는건 어떤 곤충일까? 한 번 맞춰봐~

조물조물 찰흙으로 만드는 나만의 곤충

내가 봤던 곤충을 찰흙으로 만들어 친구들에게 소개해요!

"곤충을 찾으러 떠나요!"

활동

곤충 만들 재료 탐색하기

곤충을 만들기 위해서는 어떤 재료로 어떻게 만드는게 좋을까?

재활용품으로 곤충 표본 만들기

우리가 짰던 계획서를 보고 곤충을 만들어요

무지개반 7월이야기

"우리가 잡은 곤충이 메뚜기야?"
"자세히 보니 여치 같기도 하고, 방아깨비 같기도 한데..."

실외놀이 중 발견한 방아깨비로부터 '곤충'에 대한 호기심들은 책을 통해 곤충의 이름과 모습을 직접 찾아 그려보며 친구들에게 곤충들의 차이를 설명하기도 합니다. 퀴즈를 통해 친구들과 함께 다양한 곤충의 모습을 언어나 신체로 표현해 보며 모든 친구들이 다양한 곤충을 볼 수 있는 방법에 대해 토론하여 '곤충 전시회'를 계획하였고, 유아들은 주변의 다양한 재료들을 탐색하고 재활용품을 수집하여 곤충을 만들어 '곤충들의 세상'의 작품 전시해 보았습니다. 이 경험으로 무지개반 친구들은 주변 환경의 작은 변화에도 호기심을 느끼며 다양한 탐구 활동이 이루어지고 있습니다. 유아들의 작은 변화에 관심을 가져 주시고 즐거운 경험으로 이루어질 수 있도록 가정에서 부모님들의 많은 지원 부탁드립니다.

CHAPTER

11

관찰연습(워크북)

표 11-1 면담 시 사용된 기록지

<table>
<tr><td>면담대상</td><td></td><td>연령</td><td></td><td>성별</td><td></td></tr>
<tr><td>면담일</td><td>년 월 일</td><td>면담자</td><td colspan="3"></td></tr>
<tr><td colspan="6">활동 후 면담한 내용</td></tr>
<tr><td colspan="2"></td><td colspan="4">1. 무엇이 가장 재미있었나요?

2. 무엇이 가장 힘들었나요?

3. 무엇을 알게 되었나요?

4. 기타</td></tr>
<tr><td colspan="6">기타</td></tr>
</table>

표 11-2 표본기록법 관찰양식 (1)

<table>
<tr><td>관찰대상</td><td></td><td>생년월일</td><td></td></tr>
<tr><td>관찰일시</td><td></td><td>관찰자</td><td></td></tr>
<tr><td>관찰장면</td><td colspan="3"></td></tr>
<tr><td>시간</td><td colspan="2">기록</td><td>추론 및 해석</td></tr>
<tr><td></td><td colspan="2"></td><td></td></tr>
<tr><td>발달영역</td><td colspan="3"></td></tr>
<tr><td>누리과정</td><td colspan="3"></td></tr>
<tr><td>교수계획</td><td colspan="3"></td></tr>
</table>

표 11-3 표본기록법 관찰양식 (2)

<table>
<tr><td>관찰 대상</td><td></td><td>연령(성별)</td><td></td></tr>
<tr><td>관찰일</td><td></td><td>관찰자</td><td></td></tr>
<tr><td>관찰장면</td><td colspan="3"></td></tr>
<tr><td>시간</td><td colspan="2">관찰 기록</td><td>비고</td></tr>
<tr><td></td><td colspan="2"></td><td></td></tr>
<tr><td>요약</td><td colspan="3"></td></tr>
</table>

표 11-4 일화기록법 관찰양식 (1)

<table>
<tr><th colspan="4">일화기록</th></tr>
<tr><td>관찰 대상</td><td></td><td>연령(성별)</td><td></td></tr>
<tr><td>관찰일</td><td></td><td>관찰자</td><td></td></tr>
<tr><td>관찰장면</td><td></td><td>관찰초점</td><td></td></tr>
<tr><td>관찰 기록</td><td colspan="3"></td></tr>
<tr><td>해석 및
지도방안</td><td colspan="3"></td></tr>
</table>

표 11-5 일화기록 관찰양식 (2)

관찰 유아: 생년월일: 성별:

관찰자: 관찰일: 년 월 일 관찰시간:

관찰장면:

일화기록법 관찰양식

발달영역:

요약:

표 11-6 일화기록 관찰양식 (3)

일화기록			
관찰 대상		연령(성별)	
관찰일		관찰자	
관찰장면		관찰초점	
관찰 기록			
해석 및 지도방안			

표 11-7 놀이공간과 자료(행동목록법)

관찰대상: 반 교사 관찰일자:
참 관 자: 관찰장소:

	내용	예	아니오	개선 사항
놀이공간	놀이공간이 융통성 있게 배치되었는가?			
	충분한 놀이 공간을 확보하였는가?			
	유아에게 공간 배치의 주도권을 부여했는가?			
	놀이시 유아가 다른 놀이공간(의외의 놀이공간)을 찾아볼 수 있는가?			
놀이자료	유아가 스스로 자료 활용방법을 선택하도록 지원하고 격려하는가?			
	자연을 통해 관찰, 탐색, 몰입이 일어나도록 자연물과 자연현상을 자료로 활용하는가?			
	일상에서 발견하는 다양한 사물을 놀이자료로 활용하는가?			
	유아의 몸 움직임에서 놀이성을 찾기 위해 자료 없이 놀이할 수 있는 기회를 제공하는가?			
	기존 자료를 새로운 방식으로 놀이하는 것을 허용하고 격려하는가?			
평가 및 놀이계획				

표 11-8 정서놀이(행동목록법)

관찰대상: 만 세 (남, 여) 관찰일자:
관 찰 자: 관찰장소:

	내용	예	아니오
정서 놀이	놀이 결과에 집착하지 않고 놀이를 즐긴다.		
	놀잇감을 좋아하고 소중하게 다룬다.		
	놀이 상대방의 감정을 공감한다.		
	놀이 참여 시 안정감을 유지한다.		
	놀이 참여 시 다른 사람의 감정을 파악한다.		
	놀이 참여 시 자기감정을 조절한다.		
	놀이 시 발생한 갈등상황을 해결하고자 시도한다.		
	놀이하는 동안 감정(화, 기쁨, 슬픔 등)을 표현한다.		
평가 및 놀이 계획			

출처: 지성애(2007). 유아 놀이특성 재구성.

표 11-9 유아의 놀이 특성(기술평정척도)

관찰대상: 생년월일: 년 월 일 (남, 여)
관 찰 자: 관 찰 일: 년 월 일

(다음에서 설명하는 예절 문항을 읽고 해당하는 수준에 ✔표시를 하시오.)

내용	평정척도	비고
1. 놀이를 스스로 계획한다.	____ 놀이를 계획하지 않는다. ____ 교사가 유도하면 억지로 계획한다. ____ 교사가 상호작용하면 소극적으로 계획한다. ____ 자발적으로 놀이를 계획한다.	
2. 놀이 시 다른 유아의 참여를 수용한다.	____ 다른 유아의 참여를 수용하지 않는다. ____ 참여하도록 유도하면 억지로 수용한다. ____ 참여하도록 유도하면 가끔 수용한다. ____ 놀이 시 항상 다른 유아의 참여를 수용한다.	
3. 놀이하는 동안 즐거워한다.	____ 놀이하고 싶어 하지 않는다. ____ 놀이 시 반응이 없거나 무표정하다. ____ 놀이 시 가끔 즐거워한다. ____ 놀이하는 동안 소리내어 웃고 놀이시간의 종료를 아쉬워한다.	
4. 다른 유아와 규칙을 지키며 놀이한다.	____ 놀이 규칙을 전혀 지키지 않는다. ____ 교사가 개입하여도 규칙을 억지로 지킨다. ____ 교사의 개입 없이 놀이 시 가끔 규칙을 지킨다. ____ 놀이 시 항상 다른 유아와 규칙을 지키며 놀이한다.	
평 가		

표 11-10 유아의 놀이 특성(숫자평정척도)

관찰대상: 생년월일: 년 월 일 (남, 여)
관 찰 자: 관 찰 일: 년 월 일

	전혀 그렇지 않다	그렇지 않다	보통이다	그렇다	매우 그렇다
1. 역할이나 모습을 꾸며서 행동한다.					
2. 다양한 방법으로 사물을 가지고 놀이한다.					
3. 하나의 놀이에서 다른 놀이로 확장한다.					
4. 놀이를 더 재미있게 하려고 노력한다.					
5. 놀이 시 자신이 의도하는 대로 놀고자 한다.					
6. 다양한 방법으로 타인을 놀이에 참여시킨다.					
7. 놀이를 할 때 하나의 역할을 하면서 동시에 여러 다른 역할도 함께 한다.					
8. 적극적으로 활동에 참여한다.					
9. 무엇을 할 것인지 스스로 결정한다.					
10. 놀이를 할 때 틀에 얽매이지 않고 자유롭게 놀잇감을 사용한다.					
11. 활동을 지속하기 위하여 어려운 문제를 해결하려고 노력한다.					
12. 순조롭고 융통성 있게 놀이한다.					
13. 놀이 중 놀이와 관련된 이야기를 지어내며 놀이한다.					
14. 필요한 욕구를 충족하기 위해 다른 유아와 협상할 수 있다.					
평 가					

출처: 김명순 외(2012). 유아용 놀이성 평정 척도 개발 및 타당화 연구. 아동학회지, 33(2), 69-89 재구성.

표 11-11 유아의 놀이 특성(도식평정척도)

관찰대상: 생년월일: 년 월 일 (남, 여)
관 찰 자: 관 찰 일: 년 월 일

(다음에서 설명하는 놀이 특성을 읽고 해당하는 수준에 ✔표시를 하시오.)

평정항목		
1. 다른 유아와 놀이 시 주도적으로 나서지 못한다.	1 ├──┼──┼──┼──┤ 5	1. 다른 유아와 놀이 시 주도적인 역할을 한다.
2. 놀이하는 동안 만족스럽지 못하다.	1 ├──┼──┼──┼──┤ 5	2. 놀이하는 동안 만족스러워한다.
3. 놀이 시 다른 유아와 놀잇감을 공유하지 못한다.	1 ├──┼──┼──┼──┤ 5	3. 놀이 시 다른 유아와 놀잇감을 공유한다.
4. 놀이를 하면서 노래나 이야기를 하지 않는다.	1 ├──┼──┼──┼──┤ 5	4. 놀이를 하면서 노래를 부르고 이야기를 한다.
5. 놀이하면서 무표정하나 우울하다.	1 ├──┼──┼──┼──┤ 5	5. 놀이하면서 미소를 짓거나 소리 내어 웃는다.
6. 놀이규칙에는 관심이 없다.	1 ├──┼──┼──┼──┤ 5	6. 놀이규칙을 만들어 다른 유아에게 제시한다.
7. 놀이 활동 중 자신의 결과물을 숨기고 싶어 한다.	1 ├──┼──┼──┼──┤ 5	7. 놀이 활동 중 자신의 결과물을 자랑한다.
8. 장난스러운 놀이를 싫어한다.	1 ├──┼──┼──┼──┤ 5	8. 장난스러운 놀이를 즐긴다.
평 가		

출처: 김명순 외(2012). 유아용 놀이성 평정 척도 개발 및 타당화 연구. 아동학회지, 33(2), 69-89 재구성

표 11-12 영유아 사회적 놀이 참여유형 관찰(시간표집법)

관찰영유아		생년월일	년 월 일(년 개월)	성별	남/여
관찰자(교사)		관찰일자			
관찰시간					
관찰장소		관찰장면			

놀이 참여유형 / 시간( )	비놀이 행동					놀이 행동				주석(메모)
	아무것도 하지 않는 행동	방관자적인 행동	일상적 행동	활동	교사와 상호작용	혼자놀이	병행놀이	연합놀이	협동놀이	

표 11-13 흥미영역 참여상황 관찰 I (시간표집법)

관찰영유아1	이름		생년월일(연령)	년 월 일(년 개월)	성별	남/여
관찰영유아2	이름		생년월일(연령)	년 월 일(년 개월)	성별	남/여
관찰영유아3	이름		생년월일(연령)	년 월 일(년 개월)	성별	남/여
⋮						

관찰자(교사)		관찰일자	년 월 일
관찰시간			
관찰장소		관찰장면	

관찰일시 / 영유아명	월			화			수			목			금		

- 언 : 언어영역
- 역 : 역할영역
- 수과 : 수 · 과학영역
- 미 : 미술영역
- 음 : 음률영역
- 조 : 조작영역
- 쌓 : 쌓기영역
- 컴 : 컴퓨터영역
- 지 : 지켜보기
- 비 : 놀이하지 않음
- X : 부재중

표 11-14 흥미영역 참여상황 관찰 II (시간표집법)

관찰영유아1	이름		생년월일(연령)	년 월 일(년 개월)	성별	남/여
관찰영유아2	이름		생년월일(연령)	년 월 일(년 개월)	성별	남/여
관찰영유아3	이름		생년월일(연령)	년 월 일(년 개월)	성별	남/여
⋮						
관찰자(교사)			관찰일자	년 월 일		
관찰시간						
관찰장소			관찰장면			

영유아명	횟수	언	역	수과	미	음	조	쌓	컴	지	비	X
	1											
	2											
	3											
	4											
	5											
	계											
	1											
	2											
	3											
	4											
	5											
	계											
	1											
	2											
	3											
	4											
	5											
	계											

- 언 : 언어영역
- 역 : 역할영역
- 수과 : 수 · 과학영역
- 미 : 미술영역
- 음 : 음률영역
- 조 : 조작영역
- 쌓 : 쌓기영역
- 컴 : 컴퓨터영역
- 지 : 지켜보기
- 비 : 놀이하지 않음
- X : 부재중

표 11-15 친사회적 행동 출현 관찰(시간표집법)

<table>
<tr><td>관찰영유아</td><td colspan="2"></td><td>생년월일</td><td colspan="2">년 월 일(년 개월)</td><td>성별</td><td>남/여</td></tr>
<tr><td>관찰자(교사)</td><td colspan="3"></td><td>관찰일자</td><td colspan="3">년 월 일</td></tr>
<tr><td>관찰시간</td><td colspan="7"></td></tr>
<tr><td>관찰장소</td><td colspan="3"></td><td>관찰장면</td><td colspan="3"></td></tr>
</table>

친사회적 행동 / 관찰회차(시간)	양보하기	배려하기	나누기	돕기
1(초)				
2(초)				
3(초)				
4(초)				
5(초)				
6(초)				
7(초)				
8(초)				
9(초)				
10(초)				
합계				

요약:

표 11-16 대소집단 활동 시 행동 출현 관찰(시간표집법)

관찰영유아		생년월일	년 월 일(년 개월)	성별	남/여
관찰자(교사)		관찰일자	년 월 일		
관찰시간		관찰행동			
관찰장소		관찰장면			

행동 출현 / 관찰시간	행동 출현 여부	주석(메모)	관찰장면
초			
초			
초			
초			
초			
초			
초			
초			
초			
초			
초			
초			
총 회 중 회			

요약:

표 11-17 영유아-영유아 간 갈등 상황 관찰(ABC서술식 사건표집법)

관찰영유아		생년월일	년 월 일(년 개월)	성별	남/여
관찰자(교사)		관찰일자	년 월 일		
관찰시간		관찰행동			
관찰장소					

행동이나 사건 발생 전(A)	행동이나 사건(B)	행동이나 사건 발생 후(C)

요약:

교수전략:

표 11-18 영유아 또래 놀이 유형 관찰(빈도 사건표집법)

관찰영유아		생년월일	년 월 일(년 개월)	성별	남/여
관찰자(교사)		관찰일자	년 월 일		
관찰시간					
관찰장소		관찰장면			

놀이단계 / 유형 / 흥미영역	1단계	2단계	3단계	4단계	5단계
	단순 병행놀이	상호인식 병행놀이	단순 사회놀이	보완적 놀이	보완적 상호놀이
언어 영역					
역할 영역					
미술 영역					
음률 영역					
과학 영역					
쌓기 영역					
수 · 조작 영역					

표 11-19 영유아 기본생활습관 출현 관찰(빈도 사건표집법)

관찰자(교사)		관찰일자	년 월 일
관찰시간		관찰행동	
관찰장소			

기본생활 습관 / 영유아명	혼자서 화장실을 사용함	혼자서 손을 씻음	혼자서 간식/음식을 먹음	혼자서 신발을 신음	주석 (메모)
	□	□	□	□	
	□	□	□	□	
	□	□	□	□	
	□	□	□	□	
	□	□	□	□	
	□	□	□	□	
	□	□	□	□	
	□	□	□	□	
	□	□	□	□	

표 11-20 영유아 (   )행동 출현 관찰(빈도 사건표집법)

관찰영유아		생년월일	년 월 일(년 개월)	성별	남/여
관찰자(교사)					
관찰시간		관찰장소			
관찰행동					
관찰일자					

관찰행동 시간					

표 11-21 자유선택활동 시간 내 교사 역할 유형 관찰(빈도 사건표집법)

관찰대상		관찰장소	
관찰행동			
관찰일자	년 월 일	관찰시간	
관 찰 자			

흥미영역 / 역할 유형	언어	수·조작	음률	역할	쌓기	과학	역할	미술
환경구성/정비								
둘러보기								
정보 구하기								
참여 유도								
유지								
칭찬/격려								
참여								
방향 재지시								
시범								
교수								
일상적인 대화								
갈등 해결								
정리정돈								
부인								
기타								
역할없음 (교실이탈)								
총 빈도								

표 11-22 포트폴리오 내용 목차 예

번호	영역	내용	날짜 (형태)	날짜 (형태)	날짜 (형태)	날짜 (형태)	날짜 (형태)
1	신체 운동 건강	신체활동 즐기기					
		건강하게 생활하기					
		안전하게 생활하기					
2	의사 소통	듣기와 말하기					
		읽기와 쓰기에 관심 가지기					
		책과 이야기 즐기기					
3	사회 관계	나를 알고 존중하기					
		더불어 생활하기					
		사회에 관심 가지기					
4	예술 경험	아름다움 찾아보기					
		창의적으로 표현하기					
		예술 감상하기					
5	자연 탐구	탐구과정 즐기기					
		생활 속에서 탐구하기					
		자연과 더불어 살기					
6	기타						

표 11-23 포트폴리오 양식 예

<table>
<tr><td>관찰대상</td><td></td><td>연령</td><td></td><td>성별</td><td></td></tr>
<tr><td>관찰일</td><td colspan="2">년 월 일</td><td>관찰자</td><td colspan="2"></td></tr>
<tr><td>관찰장면</td><td colspan="2"></td><td>관찰시간</td><td colspan="2"></td></tr>
<tr><td rowspan="2">사진기록
및
장면 설명</td><td colspan="5">〈사진 첨부〉</td></tr>
<tr><td colspan="5">〈장면 설명〉</td></tr>
<tr><td>해석 및
지도방안</td><td colspan="5"></td></tr>
</table>

표 11-24 포트폴리오 양식 예

이름 쓰기

날짜	이름(사진)	관찰
평가 및 해석		

표 11-25 교실환경 관찰양식

<table>
<tr><td>관찰일</td><td>년 월 일</td><td>관찰자</td><td></td></tr>
<tr><td>관찰기관</td><td colspan="3"></td></tr>
<tr><td rowspan="2">교실환경
평면도</td><td colspan="3">〈평면도〉</td></tr>
<tr><td colspan="3">〈사진 첨부〉</td></tr>
<tr><td>교실환경 구성
평가</td><td colspan="3"></td></tr>
</table>

표 11-26 유아 개별 놀이 관찰양식

일시		장소	
놀이참여대상			
놀이			
내용			

교사의 놀이 지원실제	누리과정 영역 통합적 이해

표 11-27 유아 기록지(만5세 누리과정)

관찰대상		연령		성별	
관찰일	년 월 일	관찰자			

영역	문항	행동관찰내용
신체운동 · 건강영역	**1. 신체를 인식하고 움직이기** ① 신체 각 부분의 명칭을 알지만 틀릴 때도 있다. ② 신체 각 부분의 명칭을 정확히 알고 기능에 따라 움직인다(예: 무릎 구부리기 등). ③ 신체를 활용하여 동작(예: 신체로 글자 만들어 보기 등)을 할 때 한번에 정확하게 하는 것이 어렵다. ④ 신체를 활용하여 동작을 할 때 한번에 정확하게 한다.	
	2. 소근육 조절하기 ① 가위로 직선을 따라 대강의 모양대로 오린다. ② 가위로 직선을 따라 비교적 정확하게 오린다. ③ 가위로 곡선을 따라 대강의 모양대로 오린다. ④ 가위로 직선과 곡선으로 이루어진 형태(예: 꽃모양, 별모양 등)를 비교적 정확하게 오린다.	
	3. 이동하며 운동하기 ① 달릴 때 속도를 조절하지 못한다. ② 달릴 때 속도를 조절할 수 있지만 달리는 방향을 바꾸는 것이 어렵다. ③ 달릴 때 속도와 방향을 조절할 수 있다. ④ 달리다가 다양한 동작을 연결할 수 있다(예: 달리다가 멀리 뛰기, 달리다가 갑자기 나타난 장애물 피하기 등).	
	4. 신체활동에 참여하기 ① 신체활동에 참여하지 않을 때도 있다. ② 교사가 권유하면 신체활동에 참여한다. ③ 신체활동에 자발적으로 참여한다. ④ 신체활동에 자발적이고 지속적으로 참여한다.	
	5. 공을 이용하여 신체 활동하기 ① 공을 던질 때, 주로 위나 아래쪽으로 던진다. ② 공이 앞으로 나아가도록 팔을 뻗어 던질 수 있다.	

기록 tip
* 문항을 읽고 해당되는 수준에 체크
* 행동관찰: 문항 체크에 근거가 되는 관찰행동 기술

	③ 목표물 근접한 곳에 공을 던질 수 있다. ④ 공을 목표물에 정확하게 던질 수 있다.	
	6. 몸을 깨끗이 하기 ① 교사가 지시해도 손을 씻지 않을 때가 있다. ② 교사가 지시하면 손을 씻는다. ③ 스스로 손을 씻지만 깨끗하게 씻지 않을 때도 있다. ④ 스스로 손을 깨끗하게 잘 씻는다.	
	7. 주변을 깨끗이 하기 ① 교사가 함께 치울 때만 사용한 물건을 정리한다. ② 교사가 치우도록 격려하면 사용한 물건을 정리한다. ③ 사용한 물건을 스스로 정리할 때가 있다. ④ 사용한 물건을 스스로 정리한다.	
	8. 바른 식생활하기 ① 음식을 잘 먹지 않는다. ② 음식을 골고루 먹지 않는다. ③ 음식을 골고루 먹지만 적당량을 먹지 못한다. ④ 적당량의 음식을 골고루 먹는다.	
	9. 하루일과에 참여하기 ① 하루일과 중 참여를 거부하는 활동이 있다. ② 하루일과에 참여는 하나 어려워하는 것(예: 치우기, 손 씻기 등)이 있다. ③ 하루일과 활동 중 흥미에 따라 소극적인 모습을 보일 때도 있다. ④ 모든 하루일과에 적극적으로 참여한다.	
	10. 안전하게 놀이하기 ① 놀이기구나 놀잇감을 위험하게 사용할 때가 있다. ② 교사가 지시하면 놀이기구나 놀잇감을 그때만 잠시 안전하게 사용한다. ③ 교사가 지시하면 놀이기구나 놀잇감을 비교적 안전하게 사용한다. ④ 놀이기구나 놀잇감을 스스로 안전하게 사용한다.	

의사소통	**11. 낱말과 문장 듣고 이해하기** ① 한 가지 지시사항이 포함된 내용(일과와 관련된 익숙한 활동)을 듣고 그대로 수행할 수 있다. ② 두 가지 지시사항이 포함된 내용(일과와 관련된 익숙한 활동)을 듣고 수행하지만 틀릴 때도 있다. ③ 두 가지 지시사항이 포함된 내용(일과와 관련된 익숙한 활동)을 듣고 그대로 수행할 수 있다. ④ 두 가지 이상의 지시사항이 포함된 내용(새로운 상황이나 활동)을 듣고 그대로 수행한다.	
	12. 이야기 듣고 이해하기 ① 이야기를 들은 후 내용을 물어보면 대답하지 못하거나 관련 없는 내용을 말하기도 한다. ② 이야기를 들은 후 내용을 물어보면 관련된 내용 중 일부내용을 말한다. ③ 이야기를 들은 후 중심내용을 말한다. ④ 이야기를 들은 후 중심내용을 말하고 궁금한 것에 대해 질문한다.	
	13. 바른 태도로 듣기 ① 주의가 산만하여 다른 사람의 이야기를 잘 듣지 않는다. ② 다른 사람의 이야기를 끝까지 듣지 않는다. ③ 다른 사람의 이야기를 주의 깊게 듣는 편이다. ④ 다른 사람의 이야기를 주의 깊게 들으면서 반응을 보인다.	
	14. 낱말과 물장으로 말하기 ① 간단한 문장으로 말한다. ② 여러 문장으로 말한다. ③ 상황에 맞게 다양한 단어를 사용하여 말한다. ④ 상황에 맞게 다양한 단어를 사용하여 정확한 발음으로 말한다.	
	15. 느낌, 생각, 경험 말하기 ① 자신의 경험이나 생각을 잘 표현하지 않는다. ② 주제에 대해 질문하면 주제에서 벗어난 대답을 자주 한다. ③ 주제에 대해 자신의 느낌, 생각, 경험을 말할 수 있지만 그 내용이 단순하다. ④ 주제에 대해 자신의 느낌, 생각, 경험을 풍부하게 말한다.	

	16. 상황에 맞게 바른 태도로 말하기 ① 여러 사람 앞에서 말하려 하지 않는다(예: 대집단 활동 중 앞에 나오지 않기 등). ② 여러 사람 앞에서 말하기를 시도하나 말을 잘 이어나가지 못하고 태도가 부자연스럽다. ③ 여러 사람 앞에서 말을 이어나가는 편이나 태도가 부자연스럽다. ④ 여러 사람 앞에서 자연스러운 태도로 적절하게 말한다.	
	17. 글자읽기에 흥미 가지기 ① 주변의 글자에 관심을 보이지 않는다. ② 주변의 친숙한 글자를 읽을 수 있다. ③ 주변의 새로운 글자를 읽으려고 시도한다. ④ 주변의 글자를 능숙하게 읽을 수 있다.	
	18. 책에 관심 가지기 ① 책에 대해 관심이 없다. ② 교사가 제안하거나 친구가 보는 책에 관심을 가지고 본다. ③ 관심 있는 몇 권의 책만 본다. ④ 다양한 책보기를 즐긴다.	
	19. 쓰기에 관심 가지기 ① 글자를 쓰는 것에 관심이 없다. ② 친숙한 한두 단어(예: 자신의 이름, 엄마, 아빠 등)를 쓴다. ③ 주변의 친숙한 여러 단어를 쓴다. ④ 자신의 느낌, 생각, 경험을 문장으로 쓰려 한다.	
	20. 쓰기도구를 바르게 사용하기 ① 색연필(연필)을 바르게 쥐고 사용하지 못한다. ② 교사가 본을 보이면 색연필(연필)을 바르게 쥐고 사용하려 한다. ③ 스스로 색연필(연필)을 바르게 쥐고 사용하려 하지만 바르지 못할 때도 있다. ④ 스스로 색연필(연필)을 바르게 쥐고 사용한다.	
사회관계	**21. 나를 소중하게 여기기** ① 자신에 대해 자신감이 없다. ② 자신이 잘하는 것이 있다는 것을 안다. ③ 다른 사람이 나를 좋아하는 것을 안다. ④ 자신을 좋아하고 자랑스러워 한다.	

	22. 나의 일 스스로 하기 ① 자신의 일을 잘하지 못한다(예: 옷입기, 자기물건 챙기기, 작품 만들기 등). ② 자신의 일을 하다가 필요하면 교사의 도움을 요구한다. ③ 스스로 자신의 일을 하려고 한다. ④ 스스로 자신의 일을 잘한다.	
	23. 나와 다른 사람의 감정 알고 표현하기 ① 자신의 감정을 잘 표현하지 않는다. ② 자신의 감정을 표현하나, 상황에 부적절한 경우가 많다. ③ 상황에 따른 감정을 표현하나, 단순하게 표현한다. ④ 상황에 따른 감정과 느낌을 풍부하게 표현한다.	
	24. 나의 감정 조절하기 ① 자신의 감정을 조절하지 못한다. ② 교사가 도와주면 자신의 감정을 조절한다. ③ 자신의 감정을 스스로 조절하고자 시도한다. ④ 자신의 감정을 조절하고 적절하게 표현한다(예: 속상한 이유나 상황 설명하기 등).	
	25. 친구와 갈등 해결하기 ① 교사가 도와주면 친구와 어울린다. ② 좋아하는 한두 명의 친구와 논다. ③ 여러 명의 친구와 논다. ④ 다양한 친구와 협력하여 논다.	
	26. 친구와 갈등 해결하기 ① 친구와 갈등이 있을 때 대처하지 않고 피한다. ② 친구와 갈등이 있을 때 부적절한 방법으로 표현한다(예: 공격적 행동, 울기, 소리 지르기 등). ③ 친구와 갈등이 있을 때 자신의 입장만 주장한다. ④ 친구와 갈등이 있을 때 서로의 입장을 고려하여 해결책을 찾는다.	
	27. 약속과 규칙 지키기 ① 교사가 지시할 때만 규칙을 지킨다. ② 스스로 규칙을 지키기도 하나 지키지 않는 경우가 더 많다. ③ 스스로 규칙을 지키는 편이나 가끔 지키지 못할 때도 있다. ④ 스스로 놀이실 안에서의 규칙을 잘 지킨다.	

	28. 지역사회에 관심 갖고 이해하기 ① 자신이 사는 곳을 말할 수 있다(예: 아파트 이름, 동네 등). ② 자신이 사는 곳의 주요 기관을 말할 수 있다(예: 경찰서, 상점 등). ③ 주요 기관에서 사람들이 하는 일을 안다(예: 은행, 우체국 등). ④ 다양한 직업에 관심을 갖고 적극적으로 알아본다.	
	29. 우리나라에 관심 갖고 이해하기 ① 우리나라를 상징하는 것에 대해 안다(예: 태극기, 애국가, 무궁화 등). ② 우리나라의 전통 의식주에 대해 안다(예: 한복, 송편, 전통가옥 등). ③ 우리나라 명절풍습에 대해 안다(예: 설날, 추석 등). ④ 우리나라 역사와 문화에 대해 적극적으로 알아본다(인물, 예술품 등).	
	30. 세계의 여러 문화에 관심 가지기 ① 여러 나라 사람들의 모습이 다름을 안다. ② 여러 나라 사람의 모습과 풍습에 대해 관심을 갖는다. ③ 여러 나라의 다른 모습과 풍습에 대해 단순한 내용을 말할 수 있다. ④ 여러 나라의 다른 모습과 풍습에 대해 적극적으로 알아본다.	
예술경험	**31. 음악적 요소 탐색하기** ① 교사가 권유하면 악기소리를 탐색하는 활동에 참여한다. ② 악기소리를 탐색하는 활동에 자발적으로 참여한다. ③ 악기소리에서 강약, 속도, 리듬과 같은 음악적 요소를 탐색한다. ④ 음악적 요소를 표현하며 악기를 연주한다.	
	32. 다양한 미술 재료와 도구 사용하기 ① 미술활동에서 같은 재료와 도구만 주로 선택한다. ② 미술활동에서 다양한 재료와 도구에 관심을 가지나 적절히 활용하지 못한다. ③ 미술활동에서 다양한 재료와 도구에 관심을 갖고 적절히 활용한다. ④ 미술활동에서 다양한 재료와 도구를 사용하여 창의적으로 표현한다.	

	33. 노래로 표현하기 ① 노래를 거의 부르지 않는다. ② 대체로 노래 부르기에 참여한다. ③ 노래 부르기를 즐긴다. ④ 자신의 생각이나 느낌을 노래로 다양하게 표현한다.	
	34. 움직임과 춤으로 표현하기 ① 움직임과 춤으로 표현하는 활동에 거의 참여하지 않는다. ② 움직임과 춤으로 표현하는 활동에 참여하나 교사나 다른 또래의 표현을 주로 따라한다. ③ 움직임과 춤으로 표현하는 활동에 참여하여 자신의 생각이나 느낌을 단순하게 표현한다. ④ 움직임과 춤으로 자신의 생각이나 느낌을 창의적으로 표현한다.	
	35. 미술활동으로 표현하기 ① 미술활동에 거의 참여하지 않거나 소극적으로 참여한다. ② 미술활동에서 교사나 또래들의 그림이나 만들기를 주로 따라 한다. ③ 미술활동에 참여하여 자신의 생각이나 느낌을 표현한다. ④ 미술활동에 참여하여 자신의 생각이나 느낌을 창의적으로 표현한다.	
	36. 극놀이로 표현하기 ① 극놀이(예: 역할놀이, 동극, 인형극 등)에 참여하지 않거나 소극적인 태도를 보인다. ② 극놀이에 참여하여 자신의 역할을 해낸다. ③ 극놀이를 하면서 자신의 역할을 창의적으로 표현한다. ④ 극놀이를 하면서 창의적인 생각을 제안한다.	
	37. 다양한 예술 감상하기 ① 다양한 음악, 춤, 미술작품, 극놀이 등을 감상하는 데 관심을 보이지 않는다. ② 교사가 관심을 유도하면 예술감상활동에 소극적으로 참여한다. ③ 교사가 관심을 유도하면 예술감상활동에 적극적으로 참여한다. ④ 교사가 제시한 예술감상활동에 스스로 참여하여 즐긴다.	

	38. 전통예술활동에 참여하기 ① 우리나라의 전통예술에 관심을 보이지 않는다. ② 교사가 관심을 유도하면 전통예술 관련 활동에 소극적으로 참여한다. ③ 교사가 관심을 유도하면 전통예술 관련 활동에 적극적으로 참여한다. ④ 교사가 제시한 전통예술 관련활동에 스스로 참여하여 즐긴다.	
자연탐구	**39. 탐구하는 태도 기르기** ① 주변사물이나 자연세계에 대해 관심을 보이지 않는다. ② 주변사물이나 자연세계에 대해 단편적인 관심을 보인다. ③ 주변의 사물이나 자연세계에 대해 지속적으로 호기심을 갖고 궁금해 한다. ④ 주변의 사물이나 자연세계에 대해 스스로 다양한 방법으로 궁금증을 해결하고자 한다.	
	40. 수량 비교하기 ① 두 집합의 차이가 큰 경우 직관적으로 어느 집합이 더 많고 적은지 안다. ② 두 집합의 차이가 크지 않을 경우 일대일 대응을 통하여 차이를 비교한다. ③ 수 세기를 통하여 두 집합의 차이를 비교한다. ④ 수량의 구체적인 차이(예: 하나 더 많아요, 하나 더 적어요 등)를 안다.	
	41. 공간의 기초 개념 형성하기 ① 위치와 방향에 관한 기초적인 개념(예: 앞, 뒤, 옆, 위, 아래, 멀리, 가까이 등)을 부분적으로 안다. ② 위치와 방향에 관한 기초적인 개념을 안다. ③ 위치와 방향에 관한 기초적인 개념을 알고 오른쪽과 왼쪽을 구분할 때도 있다. ④ 위치와 방향에 관한 기초적인 개념을 알고 오른쪽과 왼쪽을 구분한다.	
	42. 도형의 기초 개념 형성하기 ① 동그라미와 세모, 네모를 구별하지 못한다.	

② 동그라미와 세모, 네모를 구별하나 세모와 네모를 구별하지 못한다.
③ 동그라미와 세모, 네모를 구별하고 관련 어휘를 사용한다.
④ 다양한 모양을 구별하고 관련 어휘를 사용한다.

43. 속성에 따라 비교하고 순서 짓기

① 물체들을 속성(예: 길이, 크기, 무게 등)에 따라 비교하지 못한다.
② 차이가 뚜렷한 두 개의 물체를 속성에 따라 비교한다.
③ 차이가 뚜렷한 세 개 이상의 물체를 속성에 따라 비교하고 순서 짓는다.
④ 물체를 비교하고 순서 지을 때 임의 측정단위(예: 손, 발자국 등)를 사용한다.

44. 규칙성 이해하기

① 생활 주변이나 놀이실에서 나타나는 규칙성에 관심을 보이지 않는다.
② 생활 주변이나 놀이실에서 활동(예: 그림 그리기, 꾸미기, 블록으로 구성하기 등)에서 간단한 규칙성을 표현한다.
③ 생활 주변이나 놀이실에서 간단한 규칙성을 발견한다.
④ 비교적 복잡한 규칙성을 발견한다.

45. 사물을 분류하기

① 사물을 한가지의 외적 준거(예: 모양, 크기, 색깔 등)에 의해 분류한다.
② 사물을 두 가지 이상의 외적 준거(예: 노랗고 큰 것, 빨갛고 작은 것 등)에 의해 분류한다.
③ 사물을 개념적 준거(예: 과일, 옷 등)에 의해 분류한다.
④ 분류된 사물을 보고 분류준거를 찾아낸다.

46. 물질의 변화과정 탐구하기

① 물질의 변화가 포함된 활동에 관심을 보이지 않는다.
② 물질의 변화가 포함된 활동에 소극적으로 참여한다.
③ 물질의 변화에 대해 관찰하고 이야기한다.
④ 물질의 변화가 일어나도록 새로운 시도를 한다.

47. 동물이나 식물 탐구하기

① 동물이나 식물에 대하여 단편적인 관심을 보인다.

	② 교실에서 키우거나 실외환경에서 볼 수 있는 동물이나 식물을 관찰한다. ③ 동물이나 식물의 변화과정에 관심을 갖고 적극적으로 관찰한다. ④ 관심이 있는 동물이나 식물에 대하여 스스로 알아보거나 찾아본다(예: 먹이, 환경조건 등).	
	48. 자연현상 탐구하기 ① 날씨, 계절의 변화와 같은 자연현상에 관심을 보이지 않는다. ② 날씨, 계절의 변화와 같은 자연현상에 단편적인 관심을 보인다. ③ 날씨, 계절의 변화와 같은 자연현상에 규칙성이 있다는 것을 이해한다. ④ 날씨, 계절의 변화와 같은 자연현상의 규칙성과 자신의 경험을 연결하여 이야기한다(예: 여름이 되면 내 생일이 와요 등).	

참고문헌

강현경(2014). 유아 사회적 행동 척도 개발 및 타당화. 중앙대학교 대학원 박사학위논문.

계명문화대학교 부설어린이집

고희갑(2014). 아동용 공감 척도(EQ-C)의 유아적응을 위한 타당화 예비 연구. 숙명여자대학교 원격대학원 석사학위논문.

교육부, 보건복지부(2019). **2019 개정 누리과정 놀이실행자료.**

교육부, 보건복지부(2019). **2019 개정 누리과정 놀이실행자료.** 세종: 교육부 · 보건복지부.

교육부, 보건복지부(2019). **2019 개정 누리과정 해설서.** 세종: 교육부 · 보건복지부.

김경희, 한성희, 김혜금(2010). **영유아 관찰 및 실습.** 경기: 정민사.

김명순, 김길숙, 박찬화(2012). 유아용 놀이성 평정 척도 개발 및 타당화 연구. **아동학회지, 33**(2), 69-89.

김송이, 정지자, 최혜영, 민성혜(2014). **영유아 관찰 및 실습.** 경기: 양서원.

김영옥(2003). 유아의 친사회적 평가척도 개발연구. **아동학회지, 24**(5), 105-118.

김지은(2008). **아동관찰 및 행동연구.** 경기: 학현사.

김혜윤, 김길숙, 좌승화, 최애경(2018). **아동관찰 및 행동연구.** 서울: 양서원.

김희진, 박은혜, 이지현(2017). **개정 영유아교육기관에서의 관찰.** 서울: 창지사.

노영희, 김경철, 김호(2006). 교사용 유아 창의성 평정척도 개발. **열린유아교육연구, 11**(1), 23-44.

박응임, 박선영, 문영경, 김민정, 김재희, 이형민(2019). **아동관찰 및 행동연구.** 경기: 파워북.

보건복지부, 질병관리본부(2017). **한국 영유아 발달선별검사(개정판) 사용지침서.** 서울: 질병관리본부 만성질환예방과(충주) · 대한소아과학회

서울시교육청(2017). **유치원 교육과정 및 유아평가.** 서울: 서울시교육청.

서현아, 하선혜, 박소윤, 강현미, 한희정, 김산아(2018). **아동관찰 및 행동연구.** 경기: 양서원.

성미영, 전가일, 정현심, 김유미, 정하나(2017). **아동관찰 및 행동 연구.** 서울: 학지사.

송길연, 김수정, 이지연, 양돈규(2000). **발달심리학.** 서울: 시그마프레스.

심성경, 함은숙(2015). **아동관찰 및 행동연구.** 경기: 공동체.

안선희, 문혁준, 김양은, 김영심, 안효원, 이경옥, 신혜원(2015). **아동관찰 및 행동연구.** 서울: 창지사.

안선희, 문혁준, 김양은, 김영심, 안효진, 이경옥, 신혜원(2017). **(개정)아동관찰 및 행동연구**. 서울: 창지사.

양명희, 임유경(2014). **유아행동관찰 및 평가**. 서울: 학지사.

이경화, 고진영(2006). **유아용 자아개념검사 SLC**. 서울: 학지사.

이원영, 박찬옥, 노영희(1993). 유아의 사회성 발달을 위한 프로그램개발 연구. **유아교육연구** 제13집. 65-89.

이은해, 이미리, 박소연(2006). **아동 연구방법의 이해**. 서울: 학지사.

이정환, 박은혜(2011). **교사들을 위한 영유아관찰 워크북**. 서울: 아이코리아.

이진희, 이선영(2015). 한 어린이집 교사들의 3년간 실행연구 순환을 통한 포트폴리오 평가의 실천과 반성. **유아교육연구**, 35(3), 411-436.

이해정, 강현영, 서현아, 엄세진, 윤정진, 좌승화(2018). **교육평가**. 경기: 공동체.

전경원(2003). **유아용 창의적 특성검사 요강**. 서울: 학지심리검사연구소.

전남련, 김기선, 이은임, 성은숙, 남궁기순(2014). **아동관찰 및 행동연구**. 서울: 태영출판사.

전남련, 김인자, 백향기, 황연옥(2016). **아동관찰 및 행동연구**(제2판). 경기: 양서원.

전정민, 김정미, 박성애, 유혜정, 이은주(2018). **아동관찰 및 행동연구**. 서울: 학지사.

조성연, 이정희, 천희영, 심미경, 황혜정, 나종혜(2009). **아동발달의 이해**. 서울: 신정.

한국영유아교육학회(1996). **영유아교육사전**. 서울: 한국사전연구사.

홍길회, 박재옥(2018). **아동관찰 및 행동연구**. 서울: 동문사.

황해익, 송영숙, 정혜영, 유수경(2013). **영유아행동관찰법**. 서울: 창지사.

황해익, 최혜진, 권유선(2019). **아동관찰 및 행동연구(제2판)**. 경기: 공동체.

Bell, D.R., & Low, R. M. (1977). *Observing and Recording children's Behavior*. Richland, WA: Performance Associates.

Dawe, H. C. (1934). An analysis of two hundred quarrels of preschoo children. *Child Development, 5*(2), 139-157.

Favell, J. E. (1981). McGimsey, JF, Jones, ML, Cannon, PR Physical restraint as positive reinforcement. *American Journal of Menial Deficiency, 85*, 425-432.

Goodwin, W. L., Driscoll, L. A. (1980). *Handbook for measurement and evaluation in early childhood education*. San Francisco: Jossey-Bass.

Howes, C. (1980). Peer play scale as an index of comlpexity of peer interaction. *Developmental*

Psychology, 16(4), 371-372.

Hurlock, E. B. (1978). *Child Development(6th ed.).* New York: McGraw-Hill.

Irwin, D. M. & Bushnell, M. M. (1980). *Observational strategies for child study.* New York: Holt, Rinehart and Winston.

McGinnis, E. & Goldstein, A. P. (1990). *Skillstreamingin Early Childhood. Illinois:* Research Press Company.

Merrell, K. W. (2001). Assessment of children's social skills: Recent developments, best practices, and new directions. *Exceptionality, 9*(1-2), 3-18.

Parten, M. B. (1932). Social particitation among preschool children. *Journal of Abnormal and Social Psychology, 27*, 243-269.

Shaklee, A. D., Barbour, N. C., Ambrose, R., & Hansford, S. J. (1997). *Designing and using portfolios.* Boston: Allyn & Bacon.

찾아보기

저 / 자 / 소 / 개

▪ 이인원

한국교원대학교 대학원 교육학박사(유아교육 전공)

현, 계명문화대학교 유아교육과 교수

전, 계명유치원 원장

〈저서〉 교직실무, 유아사회교육, 교육방법 및 교육공학 외 다수

▪ 윤정임

계명대학교 일반대학원 유아교육학과 박사수료

현, 계명문화대학교 부설어린이집 원장

계명문화대학교 유아교육과 강사

〈저서〉 아동건강교육, 아동관찰 및 행동연구 외 다수

▪ 이태분

계명대학교 일반대학원 유아교육학과 박사수료

현, 계명문화대학교 유아교육과 겸임교수

우리 모두의 아이들 교육문화 연구소 소장

전, 계명유치원 교사

〈저서〉 아이들의 놀라운 이야기 외 다수

▪ 최윤지

계명대학교 일반대학원 교육학박사(유아교육학 전공)

현, 대구과학대학교 유아교육과 교수

〈저서〉 아동생활지도, 유아사회교육, 아동건강교육 외 다수

▪ 이현아

대구대학교 일반대학원 유아교육학과 박사수료

현, 대구과학대학교 유아교육과 교수

전, 대구육아종합지원센터 클로버부모교육 강사

대구시교육청 학부모역량개발센터 교육강사

〈저서〉 아동안전관리, 유아사회교육 외 다수

아동관찰 및 행동연구

1판 1쇄 인쇄 — 2020년 8월 24일
1판 1쇄 발행 — 2020년 8월 28일

저 자 - 이인원 윤정임 이태분 최윤지 이현아
발 행 인 - 강철원
발 행 처 - 양성원
주 소 - 경기도 파주시 검산로 173번길 29-20
전 화 - 031-946-3861(代)
팩 스 - 031-946-3864
이 메 일 - tnwpub@naver.com
홈페이지 - tnwpub.co.kr
출판등록 - 2015년 8월 31일 제 2015-000211 호

ISBN 979-11-6126-309-0

정가 18,000원